Elke Gallenmüller

Praktisch *didaktisch*

Was einen guten Instrumentalunterricht ausmacht.

Elke Gallenmüller hat sich das Flötespielen weitgehend selbst beigebracht. Ihren ersten Flötenunterricht erhielt sie mit 16 Jahren als Gastschülerin an der Berufsfachschule für Musik in Krumbach. Von 1990 bis 1995 studierte sie an den Musikhochschulen Trossingen und Freiburg mit Hauptfach Querflöte und erwarb Abschlüsse als Diplommusikerin und Diplommusiklehrerin. Während des Studiums unterrichtete sie an verschiedenen Musikschulen. Seit 1995 ist sie als Instrumentallehrerin an einem musischen Gymnasium in Bayern tätig. Sie hat zahlreiche Fort- und Weiterbildungen zum Thema Atmung, Haltung, Körperbewusstsein und Rhythmus absolviert (u. a. Funktionelle Atmungstherapie nach Dr. Parow, Eutonie nach Gerda Alexander, Dispokinesis, Eurhythmie, Bodypercussion, Musik und Bewegung). 2003 übernahm sie einen Lehrauftrag für Holzbläserdidaktik an der Hochschule für Musik in Münster. Von ihr erschienen mehrere Veröffentlichungen zum Thema Atmung und Tonbildung für Bläser bei den Verlagen Schott und Moeck sowie der deutschen Gesellschaft für Musikphysiologie. Ihr Beitrag über die „Atemstütze“ wurde in fünf verschiedenen Fachzeitschriften abgedruckt. Elke Gallenmüller konzertiert regelmäßig im süddeutschen Raum in verschiedenen kammermusikalischen Besetzungen. Ihren künstlerischen Schwerpunkt stellen Flötenkompositionen des späten 19. und frühen 20. Jahrhunderts dar.

Impressum

VHR 3900 / ISMN M-2013-0102-0 / ISBN 3-920470-88-5

Gestaltung:
Jaskiela Medienagentur GmbH, Speyer

Umschlaggestaltung:
Rauchbauer & Partner Werbeagentur GmbH, Gaimersheim

www.holzschuh-verlag.de

Danksagung

Ein herzliches Dankeschön gilt meinen Korrektur-Lesern Stefanie Ulrich, Volker Zimmermann und Dr. André Kraus sowie dem Verfasser des Vorworts, Prof. Dr. Wolfgang Rüdiger. Liebe Stuffi, vielen Dank für deine Geduld und Ausdauer! Ich weiß jetzt, was man statt „man" noch alles schreiben kann, kenne den Unterschied zwischen „selbst" und „selber" und sämtliche Synonyme für „machen", „tun" und „bekommen".

An dieser Stelle möchte ich es nicht versäumen, eine offizielle Ovation an meine ehemaligen Flötenlehrer zu richten: Sonja Sanders hat es fertig gebracht mir klangliche Nuancen des Flötentones und musikalische Gestaltungsmöglichkeiten nahe zu bringen ohne selber ihre Flöte während des Unterrichts in die Hand zu nehmen, Marianne Henkel erweckte auf herrlich unkomplizierte Art mein Zwerchfell zum Leben, von Prof. Arife Gülsen Tatu erfuhr ich, was das Aufblasen der Backen mit dem Ansatz und der Tonbildung zu tun hat und Prof. Dr. Mirjam Nastasi's warmherziger, kompetenter und unaufdringlicher Unterrichtsstil bereicherte nicht nur mein eigenes Spiel, sondern auch mein didaktisches Repertoire.

Stephan Kaller danke ich vielmals für das bereitwillige Preisgeben seiner Weisheiten aus der Klavierpädagogik sowie Herrn Uwe Sieblitz und Herrn Gerhard Halbig vom Holzschuh-Verlag für die fachkundige Betreuung dieses Projekts.

Begleitwort

Mit ihrer instrumentalpädagogischen Schrift „Praktisch didaktisch" legt die Flötistin, Flötenlehrerin und Atempädagogin Elke Gallenmüller die Summe ihrer langjährigen Unterrichtserfahrungen vor, die weit über das Instrument Lernen hinausweisen und Bereiche berühren, die jeden Menschen betreffen. Das Kunststück, auf sehr persönliche Weise musikalische Erfahrungen mit Aspekten der Persönlichkeitsentwicklung zu verbinden, vollbringt die Autorin mitten aus einer ausgedehnten Unterrichtstätigkeit heraus. Woche für Woche Flötenunterricht mit mehreren Dutzend Schülern unterschiedlichen Alters und Ausbildungsstands - schlaucht und ermüdet das nicht bis zum burn out-Syndrom? O ja, werden manche seufzen - nicht jedoch die Autorin dieses hoffnungsvollen Ratgebers. Denn wer über eine solch positive Grundeinstellung und optimistische Sicht auf Mensch und Musik verfügt, für den ist wöchentlicher Instrumentalunterricht nicht Routine und Pflicht, sondern ein faszinierendes „Forschungsprojekt", das täglich neue Einsichten und Überraschungen bereithält und als umfassender Unterricht in Musik und Menschsein verstanden werden kann.

Genau dieser Geist der Offenheit und Weite zeichnet Elke Gallenmüllers Sammlung von Ratschlägen aus der Praxis für die Praxis aus. Ihr Buch richtet sich an Instrumentalisten und Instrumentalpädagogen aller Art und zeugt von hoher künstlerisch-pädagogischer (Selbst-)Reflexion, emotionaler Ausdruckskraft und entwickeltem Körperbewusstsein zugleich. So bleiben die anregenden Empfehlungen ganz nah an der Musik selbst, die in unserem Kulturkreis stets durch das Zusammensein von Ratio und Emotio, Verstand und Gefühl in der Körperlichkeit und Kommunikationskraft des Klanges geprägt ist. Ein höchst musikalisches Instrumentalpädagogik-Buch liegt also vor, und ein vergnügliches, spannend zu lesendes, weil sehr persönliches und sachliches zugleich, voll verblüffender Einsichten, kreativer Ideen, trefflicher Zitate, origineller Bilder, Metaphern und Vergleiche.

Gegliedert ist es nach variiertem pädagogischem Dreieck in die Teile Lehrer - Schüler - Unterricht (Prinzipien, Inhalte). Musikalischer Geist wird gleich zu Beginn beschworen: Instrument und Musik grundsätzlich musikalisch zu unterrichten lautet das Gebot der Stunde. Mit dieser Einsicht bewegt sich die Autorin auf der Höhe moderner Lerntheorie und Unterrichtsmethodik. Weniger reden, Zurückhaltung, Geduld und Gelassenheit üben, bescheiden sein, „Unterricht als Lernfeld für Schüler und Lehrer betrachten" und jeden Schüler individuell fördern, denn „jeder Schüler ist eine Schatztruhe" (S. 12) - dies ist es, was eine gute, „lernende Lehrerin" (nach Günter Grass) ausmacht, die weiß, dass die meisten ihrer Schüler Musik und Instrumentalspiel ohnehin nicht als Beruf, sondern als erfüllte Freizeitbeschäftigung und Lebensbereicherung ansehen. Und dass schwache Schüler in Wirklichkeit starke Schüler sind, weil sie pädagogisches Können erst recht herausfordern, ist eine der vielen guten Einsichten, die frischen Wind in den Unterricht bringen; ebenso das Plädoyer für Fort- und Weiterbildungen, für die die Autorin das beste Beispiel ist: Atempädagogik, Körper- und Bewegungslehren, Rhythmusschulung, Eurhythmie, Trommelkurse, Bodypercussion, Logopädiestunden - dies alles und mehr fließt in Elke Gallenmüllers weiträumigen Unterrichtsstil ein, der jeder Langeweile und Routine abhold ist. Denn: „Ich freue mich über jede Entdeckung und Offenbarung, die mir durch das Unterrichten zuteil wird." (S. 115)

Welch unterschiedliche „Schatztruhen“ die einzelnen Schüler sind, demonstriert der zweite Teil des Buches, in dessen Zentrum die altehrwürdige Temperamentenlehre steht, angereichert durch eine „private Sammlung“ eigener Typen und durch Tipps zur individuellen Übe-Förderung. Dass bei aller Behutsamkeit und Einfühlung in den einzelnen Schüler immer die Qualität des Lernens entscheidend ist, nicht die Quantität, und dass sich dies mit Motivation und Musikalität wunderbar verbinden lässt, ist der Tenor des dritten Teils, der mit dem Legen eines sicheren Fundaments beginnt und mit dem Lernfeld Improvisation endet. Hier findet der Leser neben vielen guten Tipps im Kapitel „Gestische Ausdrucksmittel“ ein hinreißendes Kabinettstück körperorientierter Instrumentalpädagogik, die mit allem arbeitet, was dem Menschen gut tut und Musik lebendig macht: Atem, Bewegung, Rhythmus, Singen, Sprechen, Dirigieren, Mimik, Gestik, Choreographie - mit dem Ziel, jedem Schüler zu seinem eigenen Ton, seinem eigenen Stil und eigenständigem Ausdruck beim Musizieren zu verhelfen. „Improvisieren Sie mit Ihrem Körper“ (S. 96) lautet einer der schönsten Ratschläge der Autorin, gegründet in ihrem Interesse für die Körperlichkeit des Instrumentalspiels und getragen von Begeisterung für Mensch und Musik.

Nur wer selber brennt, kann andere begeistern, dies ist vielleicht die wichtigste Einsicht, die Elke Gallenmüllers Schrift unserem Fachgebiet vermittelt. Die künstlerische Instrumentalpädagogik ist jung und alt zugleich. Sie wurzelt in der Aufklärung des 18. Jahrhunderts und findet seit einigen Jahrzehnten ihre Fundierung und Ausformung als eigenständige künstlerisch-wissenschaftliche Disziplin. Eine Reihe von gültigen Texten - Aufsätzen, Büchern, Lehrwerken - ist seitdem entstanden, oft aus akademischer Feder und von wissenschaftlichem Geist erfüllt. Die Lektüre des vorliegenden Buches jedoch lehrt uns, was der flotte Titel eines Kapitels verspricht: „Alles Gute kommt von unten“, von der Basis täglichen Instrumentalunterrichts mit hunderten von Schülern unterschiedlichen Alters und Entwicklungsstands, gespeist von Enthusiasmus, gesättigt von Erfahrung, praxisnah, pragmatisch, „puristisch“ unkompliziert und voller Weisheit zugleich.

Steht im Mittelpunkt der Instrumentalpädagogik Elke Gallenmüllers die Überzeugung, dass „der Schüler selber agieren, d. h. aktiv lernen möchte“, so gilt dies ebenso für die Lektüre ihres Buches. Mögen interessierte Leserinnen und Leser aktiv daraus lernen, nachdenken, umdenken und den gleichen „praktisch-didaktischen“ Forschergeist entwickeln, der die Autorin auszeichnet. Die positive persönliche Haltung, eine grundsätzliche Offenheit für Mensch und Musik und große Lust zu unterrichten bilden das entscheidende Fundament, auf dem lebendiger, authentischer Unterricht sich allererst erheben kann und aus dem die einzelnen didaktischen Empfehlungen erwachsen. In diesem Sinne ist Elke Gallenmüllers Buch nicht nur ein Füllhorn guter Ratschläge, sondern anregende Lektüre und Appell zugleich.

Prof. Dr. Wolfgang Rüdiger
Freiburg im Dezember 2005

Inhalt

Unterrichtsprinzipien

Unterrichtsinhalte

Anhang

Man kann den Menschen nichts beibringen.
Man kann ihnen nur helfen, es in sich selbst zu entdecken.
Galileo Galilei

Präludium

Übung allein macht noch keinen Meister

Ursprünglich hatte ich vor, das vorliegende Buch unter dem Titel „Du musst mehr üben!" – „Was einen guten Instrumentalunterricht ausmacht" zu veröffentlichen, da die Aufforderung zum vermehrten Üben eine typische Äußerung im Unterricht des Instrumentalpädagogen darstellt. Wer von uns hat nicht schon einmal während der Unterrichtsstunde seufzend diesen Satz von sich gegeben? Wenn ein Schüler etwas (noch) nicht kann, ist es nahe liegend, dass der Schüler zu wenig geübt hat. Aber ist die Quantität immer entscheidend? Welche Faktoren beeinflussen den Instrumentalunterricht noch? Ist der häusliche Fleiß des Schülers die wichtigste Komponente der Instrumentalausbildung?

Ich finde, dass der Lehrer[1] sich schon die Mühe machen sollte herauszufinden, warum ein Schüler etwas nicht kann. Liegt es wirklich nur daran, dass der Schüler zu wenig geübt hat? Wenn ja, warum übt er zu wenig? Hat er keine Lust zu üben? Warum hat er dazu keine Lust? Wie kann ich ihn so motivieren, dass er freiwillig übt? Liegt es an den Stücken, am Lehrer, durchläuft er gerade eine schwierige Lebensphase? Ist es das falsche Instrument? Oder hat er ein technisches oder musikalisches Umsetzungsproblem? Welcher Art sind diese Probleme genau? Muss das Üben erst geübt werden?

Es gibt kein Zaubermittel zum Heranzüchten von dauerhaft lernwilligen und fleißigen Schülern. Ich bezweifle sogar, ob man einem Schüler wirklich etwas beibringen kann. Michelangelo hat einmal gesagt: „Die Statue ist schon im Stein, ich befreie sie nur." Der Unterricht sollte so gestaltet werden, dass der Schüler die Gelegenheit erhält sich zu entfalten und selbst etwas zu entdecken. Der Lehrer unterstützt und begleitet diesen Prozess. Die individuellen Möglichkeiten des Schülers gilt es zu erkennen und zu fördern. Der Schüler benötigt den Lehrer immer dann, wenn Hindernisse den Weg zum Ziel blockieren. Ein guter Lehrer erkennt, an welcher Stelle er wie ansetzen muss, damit die „Statue" befreit wird.

Ich denke, wir machen es uns zu einfach, wenn wir dem Schüler mangelnden häuslichen Fleiß vorwerfen und ihn mit der Pauschalanweisung „Du musst mehr üben!" abspeisen. Natürlich müssen Musikstücke einstudiert und Bewegungsabläufe automatisiert werden. Ich bin jedoch überzeugt, dass ein Schüler den Preis des Übens bezahlt, vorausgesetzt das Stück und das Instrument gefallen ihm, wenn er weiß, wie er vorgehen muss um effektiv zum Ziel zu gelangen. Wir Lehrer sind u. a. dazu da, dem Schüler auch noch so kleine Erfolgserlebnisse während des Unterrichts zu verschaffen. Positive Unterrichtserfahrungen motivieren den Schüler und regen ihn zum eigenen Ausprobieren an.

[1] Mit Lehrer und Schüler sind auch Lehrerinnen und Schülerinnen gemeint.

Unterrichten ist eine äußerst vielschichtige Tätigkeit und obwohl sich viele Dinge wiederholen, ist doch jeder Schüler einzigartig und braucht eine speziell auf ihn zugeschnittene Behandlung. Der Instrumentalunterricht bietet Raum für individuelle Förderung.

Natürlich kann man den Unterricht irgendwie durchziehen und einen Schüler nach dem anderen nach Schema F abfertigen. Aber wem die Musik und Menschen wirklich am Herzen liegen, dem wird das nicht ausreichen. Jeder Schüler birgt wertvolle Schätze in sich, die nach und nach entdeckt und zum Vorschein gebracht werden wollen. Der Einfluss, den wir Lehrer auf die Schüler haben, wird oft unterschätzt. Die Exklusivität des Einzelunterrichts bzw. Kleingruppenunterrichts macht den Instrumentallehrer zu einer wichtigen Bezugsperson.

Ich möchte mit dem folgenden Ratgeber allgemeine Richtlinien und Anregungen für jede Art des instrumentalen Unterrichts geben. Es handelt sich um die Essenz langjähriger Unterrichtserfahrung. Über einige Themen gäbe es noch viel mehr zu sagen, aber ich habe mich auf das für mich Wesentliche beschränkt und wünsche mir, dass auch Sie davon profitieren können. Spezielle Vergleiche und Beispiele, die ich an manchen Stellen aus praktischen Gründen gewählt habe, beziehen sich überwiegend auf das Querflötenspiel, weil dies mein Fachgebiet ist. Sämtliche Hinweise lassen sich jedoch mit Ausnahme der Tonbildung für Bläser („Der Ton macht die Musik") und teilweise der Fingertechnik („Fingerspitzengefühl" und „Fingerängste") ohne weiteres auf alle anderen Instrumente einschließlich Gesang übertragen. Gezielte Übungen zu einzelnen Bereichen habe ich aus Kapazitätsgründen nur vereinzelt eingestreut. Meine Anliegen sind eher prinzipieller Natur. Die vorliegende Lektüre soll zum Nachdenken und Umdenken anregen. Ich bin sicher, dass Sie Ihren individuellen Weg zum Ziel selbst (heraus)finden. Den Fahrplan und die Landkarte halten Sie bereits in Händen.

Der Lehrer im Instrumentalunterricht

Erzähle mir und ich vergesse. Zeige mir und ich erinnere.
Lass es mich tun und ich verstehe.
Konfuzius

Reden ist Silber

Eines der wenigen Dinge, die von meinem eigenen Pädagogik-Unterricht hängen geblieben sind, war der eindringliche Satz unseres Professors: „Die meisten Lehrer reden im Unterricht zu viel". Die tägliche Unterrichtspraxis und mein eigenes Schüler- bzw. Studentendasein haben dies immer wieder bestätigt.

Der Schüler kommt wegen des Musizierens zum Unterricht und nicht um sich schlaue Reden des Lehrers anzuhören. Unterbrechen Sie vor allem beim Unterricht mit Kindern so selten wie möglich. Da Musikstücke für den Anfängerbereich sehr kurz sind, ist die nächste Spielpause ohnehin absehbar. Kinder wollen ihr Stück ganz spielen und fühlen sich gestört, wenn sie dauernd im Spielfluss unterbrochen und „zugetextet" werden. Unter Umständen müssen Sie es eben ertragen, dass der Schüler in einem G-Dur-Stück, das eine Seite lang ist, f statt fis spielt. Es ist viel konstruktiver, den Schüler anschließend behutsam auf seine falschen Töne aufmerksam zu machen als ihn mit Zwischenrufen oder Unterbrechungen zu nerven. Speziell in diesem Fall handelt es sich um ein Wahrnehmungs- bzw. tonales Hörproblem des Schülers, sonst hätte er sein falsches f bereits während des Spiels zum fis verbessert. Solch gravierende Schwierigkeiten können nicht durch Erklärungen dauerhaft aus der Welt geschafft werden, zumal das Ohr des Schülers sich schon auf G-Dur ohne fis eingehört, also gewöhnt hat.

Die meisten Spielprobleme lassen sich nicht einfach durch Ratschläge des Lehrers lösen, auch wenn diese noch so gut gemeint sind. Das heißt nicht, dass Sie dem Schüler wichtige Informationen und Hinweise vorenthalten oder ihn eine ganze Stunde lang anschweigen sollen. Kernaussagen brauchen jedoch nicht in „meterlange" Ausführungen verpackt zu werden. Kurze Anleitungen und knapp formulierte Vorschläge genügen. Das gilt auch für den Ensembleunterricht. Ich kenne Dirigenten, die das Orchester oder den Chor vier Takte spielen bzw. singen lassen, abbrechen und dann dreimal solange reden als gespielt bzw. gesungen wurde; das macht keinen Spaß. Da hilft es auch nicht, wenn die Vorschläge und Verbesserungen des Dirigenten oder Lehrers berechtigt sind. Darum geht es gar nicht. Die Frage ist einzig und allein, ob ein Musikschüler alle paar Takte über sämtliche Geistesblitze des Lehrers informiert werden muss. Sinnvoller ist es, längere Phrasen singen bzw. spielen zu lassen und sich nach und nach zum Kern der Sache vorzuarbeiten. Dadurch tut man sich letztlich als Lehrer in doppelter Hinsicht selbst einen Gefallen: Erstens bekommt man einen besseren Gesamtüberblick und hört deutlicher, wo es noch hakt, und zweitens bleibt man viel eher „im musikalischen Fluss".

Außerdem ist die Sprache gerade im Instrumentalunterricht bei weitem nicht die einzige Möglichkeit der Kommunikation. Der Musikpädagoge Prof. Dr. Wolfgang Rüdiger äußert sich dazu wie folgt: *„Allzu oft werden musikalische Sachverhalte zerredet und erklärt anstatt gemeinsam geübt, und wer einmal erlebt hat, wie intensiv eine kurze Phase ohne Worte ist, nur im Dialog der Klänge, Augen, Gesten, der wird darauf nicht mehr verzichten wollen – weil er weiß, dass Musik eine Sprache ohne Worte ist und so auch vermittelt werden kann. Das bedeutet nicht, dass manche Sachverhalte nicht auch besprochen werden müssen und dass die Präzision der Sprache und die Pracht der Metaphern nichts zählen im Reich der Musik – ganz im Gegenteil! Nur nicht allein, sondern als eine Möglichkeit unter vielen, und die am meisten vernachlässigte ist das nonverbale, rein musikalisch-körpersprachliche Unterrichten.*[2]

Überprüfen Sie Ihren Unterricht doch einmal dahingehend, wie hoch der Sprech- bzw. Spielanteil ist. Wird im Unterricht mehr gesprochen als gespielt, sollte das zu denken geben. Beobachten Sie, ob Schüler während Ihrer Ausführungen abschweifen, „auf Durchzug schalten", oder einfach anfangen zu spielen. Dies sind sichere Zeichen für einen zu wortlastigen Unterrichtsstil. Oftmals ist z. B. Vorspielen oder Mitspielen hilfreicher als reden. Eine gewisse Ausnahme bilden fortgeschrittene Schüler, die bereits längere, schwierigere Stücke spielen. Da macht es natürlich keinen Sinn, sich dreimal das ganze Stück anzuhören und dann immer noch nichts zu sagen.

Aber im Allgemeinen gilt: Halten Sie sich zurück mit ausführlichen Kommentaren. Die Sprache der Musik ist nun mal die Musik. Zuviel Gesprochenes macht den Unterricht sehr „kopflastig" und trocken. Wenn man Klavier spielen lernen will, muss man Klavier spielen, auch im Unterricht. Die während der praktischen Ausführung gesammelten Erfahrungen und Erkenntnisse sprechen oft schon für sich: Alles, was der Schüler im Unterricht selber entdeckt und vor allem ausprobiert, bleibt besser haften und erweitert seine Kompetenzen.

Gerade sehr aufnahmefähige, intelligente Schüler erwecken leicht den Eindruck, als ob sie es ausschließlich auf den Wissensschatz des Lehrers abgesehen hätten. Lassen Sie sich durch solche Schüler nicht dazu verleiten stundenlange Diskussionen über Interpretationsmöglichkeiten und technische Raffinessen zu führen ohne ausreichend Gelegenheit zu bieten, diese auch in die Tat umzusetzen. Das gilt auch besonders für den Unterricht mit erwachsenen Schülern. Das Tun ist wichtiger als das Philosophieren über Details, die im Moment (noch) nicht angebracht sind. Schüler brauchen einen kompetenten Zuhörer und keinen Schlaumeier, der sie permanent mit Weisheiten versorgt. Vor allem ruhige, introvertierte Schüler, die selbst wenig sprechen, werden gerne unaufgefordert mit Informationen überfrachtet. Endlose Lehrermonologe sind langweilig und ermüdend für den Schüler und er hat dadurch kaum Gelegenheit selbst Fragen zu stellen. Im schlimmsten Fall geht langfristig das spontane „Drauflosspielen" verloren. In dieser Hinsicht haben es Autodidakten leichter. Ein Musiker, der nie verbal eingeengt und zurechtgestutzt wird, hat weniger Angst vor Fehlern und spielt unbekümmerter.

[2] *Rüdiger, Wolfgang:* Vom Glanz des Unterrichtens. In: Üben & Musizieren (Ausgabe 1, 2001). S. 39.

Sobald jemand in einer Sache Meister geworden ist,
sollte er in einer neuen Sache Schüler werden.
Gerhart Hauptmann

Der Lehrer als Schüler

Wenn es Ihnen schwer fällt sich in eine Schülersituation hineinzuversetzen, ist es sehr hilfreich selbst wieder zum Schüler zu werden. Im Prinzip ist es egal, auf welchem Gebiet. Es muss nicht notwendigerweise Musik- bzw. Instrumentalunterricht sein. Wie wäre es z. B. mit einer neuen Sportart? Oder vielleicht wollen Sie eine neue Sprache lernen? Wagen Sie sich dabei ruhig auch in Bereiche vor, für die Sie kein besonderes Talent besitzen. Hauptsache, es macht Ihnen Spaß und Sie sind blutiger Anfänger.

Es ist sehr spannend und lehrreich sich wieder mit Anfängerproblemen herumzuschlagen. Ich habe lange Zeit Gesangsunterricht genommen und musste zu meinem Leidwesen feststellen, dass ich die schlechten Angewohnheiten meiner Schüler, z. B. Unpünktlichkeit, Vergessen von Noten, wenig üben, selbst hatte. Abgesehen davon ist es hochinteressant sich selbst als Schüler zu erleben, bzw. den Lehrer aus einer erwachsenen Position heraus zu beobachten. Vor Jahren absolvierte ich mehrere Computerkurse bei der Volkshochschule. Ich hatte Glück und landete bei einem sehr guten Dozenten, dem es ausgesprochen gut gelang, komplizierte Zusammenhänge einfach und strukturiert zu vermitteln. Dadurch schlug ich zwei Fliegen mit einer Klappe: Ich erweiterte meine PC-Kenntnisse und profitierte noch dazu von der Art und Weise der Stoffvermittlung.

Sich in eine Schülersituation zu begeben, führt auf jeden Fall zu mehr Toleranz und Verständnis für die Probleme der Schüler, vor allem dann, wenn die eigene Schulzeit schon sehr lange zurückliegt.

Lehren heißt: Die Dinge zweimal lernen.[3]
Joseph Joubert

Profitieren Sie von Ihren Schülern

Jeder Schüler ist eine Schatztruhe. Es gibt keinen Schüler, von dem man nicht irgendetwas lernen könnte, für sich selbst und für den Unterricht. Plötzlich werden eigene musikalische und technische Schwachstellen besser erkannt, weil sie von außen betrachtet bzw. gehört werden. Diese Objektivität ist sehr nützlich. Wenn Sie ehrlich sind, haben Sie sicher schon oft bemerkt, wie Ihnen Schüler gnadenlos einen Spiegel vor das Gesicht halten. Lehrer neigen dazu, Dinge an Schülern ausmerzen zu wollen, mit denen sie selbst Probleme haben.

Von Schülern, die große Spielprobleme haben, profitiert man am meisten fürs Unterrichten. Es ist wesentlich schwieriger aus einem schlecht spielenden Schüler einen mittelmäßigen zu machen als aus einem guten einen sehr guten. Jeder, der viel unterrichtet, vor allem auf Musikschulniveau, wird dies bestätigen. Mein Unterrichts-Know-how stammt jedenfalls nicht aus dem Unterricht mit Hochbegabten. Bei Schülern, die große Probleme beim Erlernen des Instruments haben, sind Kreativität und Einfallsreichtum gefragt. Zugegeben, dies ist mitunter sehr anstrengend, mühsam und frustrierend.

[3] Zitate und Sprichwörter. Edition XXL GmbH, Reichelsheim, 2003. S. 100.

Oftmals ist man geneigt, dem Schüler zu raten, er solle sich ein anderes Hobby suchen. Hält man sich jedoch vor Augen, dass man durch zermürbende Lektionen mit hartnäckigen Fällen viel lernen kann, wird aus dem „schlechten“ Schüler eine interessante Herausforderung. Ich erlebe es außerdem immer wieder, dass gerade diese Schüler motiviert, fleißig und obendrein auch noch dankbar sind, weil sie viel mehr Aufwand betreiben müssen als jemand, dem alles zufliegt.

Natürlich kann man auch von den begabten Schülern lernen. Freuen Sie sich über Schüler, die irgendetwas besser können als Sie. Schauen Sie sich etwas ab und loben Sie großzügig.

Wenn Sie wollen, können Sie in jeder Stunde etwas Interessantes über sich und ihr Instrument erfahren. Gestalten Sie Ihren Unterricht möglichst so, dass auch Sie etwas davon haben. Idealerweise sollten beim Unterrichten Geben und Nehmen in etwa ausgeglichen sein. Das klingt jetzt vielleicht etwas unrealistisch oder sogar egoistisch. Der Lehrer ist doch derjenige, der Wissen vermittelt und Erfahrung weitergibt. Das ist jedoch nur die halbe Wahrheit: In jeder Unterrichtseinheit kommt es zu einer Wechselwirkung. Der Schüler entwickelt sich auf dem Instrument weiter und der Lehrer feilt an seinem didaktischen Repertoire. Diese Einstellung hat mich oft „über Wasser gehalten“, wenn ich mir bei schlecht spielenden, unmotivierten Schülern die Sinnfrage stellte. Während solcher Durststrecken habe ich mir immer überlegt, was ich daraus lerne. Die Art und Weise wie ein Schüler versteht, hört und umsetzt, kann nervtötend oder faszinierend sein. Je nachdem, wie man damit umgeht. Nach einem gelungenen Unterrichtstag habe ich das Gefühl, dass ich mit meinem „Forschungsprojekt Instrumentalunterricht“ vorangekommen bin, neue Erkenntnisse gesammelt und mich sozusagen mit Hilfe des Schülers weiterentwickelt habe. Bin ich dagegen ausgelaugt, leer, verspannt und gestresst, weiß ich, dass ich zu viel Energie in den Unterricht hineingebuttert habe, statt auch mal an mich zu denken. Diese Gefahr besteht vor allem bei Lehrern, die sich schlecht abgrenzen können. Da passiert es leicht, dass dem Schüler Schritte abgenommen werden, die er eigentlich selber machen müsste. Dieses Helfer-Syndrom ist in sozialen Berufen sehr verbreitet und mündet schlimmstenfalls in einen Burnout-Zustand. Achten Sie darauf, dass Sie nicht von Schülern „leergesaugt“ oder ausgenutzt werden. Betrachten Sie den Unterricht als Lernfeld für Schüler und Lehrer. Nehmen Sie beim Unterrichten eine Art neugierige Beobachterposition ein und überlegen Sie von Zeit zu Zeit, was Sie alles schon durchs Unterrichten gelernt haben.

Stets überließ der Meister jedem, das Tempo der eigenen Entwicklung zu bestimmen. Man wusste, dass er nie „antrieb". Er erklärte das mit folgendem Gleichnis: Ein Mensch sah zu, wie ein Schmetterling sich anstrengte, aus einer Puppe zu schlüpfen. Es ging ihm nicht schnell genug, also begann er, sanft darauf zu blasen. Sein warmer Atem beschleunigte tatsächlich den Prozess. Aber was herauskroch, war nicht ein Schmetterling, sondern eine Kreatur mit übel zugerichteten Flügeln. „Einen Wachstumsprozess", schloss der Meister, „kann man nicht beschleunigen, man kann ihn nur abbrechen."[4]

Die Zeit zwischen Saat und Ernte

Die vielleicht wichtigste Eigenschaft, die ein Lehrer braucht, ist Geduld. Ein Kollege sagte einmal zu mir: Erziehung heißt: zuschauen können. Geben Sie dem Schüler genug Zeit zu reifen. Zwischen „Saat" und „Ernte" können im Extremfall Jahre vergehen. Wir Lehrer müssen es aushalten können, wenn ein Schüler etwas nicht gleich umsetzen kann oder ständig immer wieder die gleichen Fehler macht. Vor allem für gravierende Probleme im Bereich Tonbildung und Rhythmus gibt es keine sofort wirksamen Patentrezepte. Große und tief greifende Veränderungen gehen hier nicht auf die Schnelle.

Nur weil ein Schüler eine „lange Leitung" hat, bedeutet das nicht zwangsläufig, dass er unbegabt ist oder nie zum Ziel kommt. Akzeptieren Sie das Lerntempo des Schülers! Manche Kinder lernen im Anfangsstadium sehr schnell, um dann in der Pubertätsphase auf einem Plateau zu verweilen. Rien ne va plus - nichts geht mehr. Später sind sie dann wieder aufnahmefähig und lernwillig. Andere wiederum tun sich in der Anfangsphase vergleichsweise schwer, weil sie z. B. große Probleme mit der Haltung des Instruments haben und dadurch in ihrem Fortkommen behindert werden. Bedenken Sie auch, dass viel Zeit verstreichen kann, bis man ein Spielproblem entwirrt und den passenden Übungsweg kreiert hat. Ein langwieriges „Diagnoseverfahren" und das Suchen und Ausprobieren von „Therapiemethoden" erfordern von Lehrer und Schüler Geduld, Beharrlichkeit und Ausdauer.

Es ist auf jeden Fall falsch den Schüler zu früh aufzugeben. Ein prominentes Beispiel aus dem Sportbereich liefert uns der Skispringer Sven Hannawald. Weil er relativ spät sein erstes Weltcupspringen gewonnen hat, wollte ihn der Verband schon aus dem Kader entfernen. Aber der Trainer hat an ihn geglaubt und an ihm festgehalten. In der Saison 2001/02 schaffte er dann den großen Durchbruch: Hannawald gewann bei der Vierschanzentournee als erster Springer alle vier Einzelspringen. Die Ausdauer und die Geduld haben sich voll ausgezahlt.

Nach dem Motto „Unverhofft kommt oft" erlebe ich meist dann positive Überraschungen, nachdem ich kapituliert habe und mir eine Verbesserung als unwahrscheinlich erschien. Manche Schüler benötigen viel Zeit, bis sie aus dem, was sie erfahren und gelernt haben, ein hörbares Ergebnis produzieren können. Sie horten und speichern Ihre Erkenntnisse als Puzzle-Teile und irgendwann, wenn der Lehrer nicht (mehr) damit rechnet, präsentieren sie das fertige Bild, sozusagen als einen zeitverzögerten „Aha-Effekt". Als Lehrer hat man lange Zeit das Gefühl, dass nichts vorwärts geht und alle Bemühungen scheinbar vergebens sind. Aber der Schüler arbeitet im Stillen weiter. Gießen Sie Ihre „Pflänzchen" also regelmäßig, auch wenn sie (noch) keine Blüten treiben.

[4] *De Mello, Anthony:* Eine Minute Weisheit. Freiburg im Breisgau, 1986. S. 90.

Ich erinnere mich an einen äußerst phlegmatischen Schüler, der zwar rhythmisch und fingertechnisch durchaus begabt war, aber tonlich und intonationsmäßig ziemlich schlecht spielte. Ich habe jahrelang geduldig mit ihm Tonstudien und Hörübungen in allen Variationen gemacht, ohne dass sich auch nur das Geringste verändert hat. Nach ungefähr fünf Jahren konnte er plötzlich über Nacht (fast) alles umsetzen, was wir jahrelang verzweifelt versucht hatten. Auf einmal war der Knoten geplatzt. Die Reifung der Persönlichkeit spielt in solchen Fällen natürlich eine große Rolle. Wir Lehrer sollten nicht ständig an unseren Schülern herumzerren und ziehen: „Gras wächst nicht schneller, wenn man daran zieht“. Es ist immer wieder hilfreich sich an die eigenen Anfänge zu erinnern. Dann wird man feststellen, dass man Rom auch nicht an einem Tag erbaut hat.

Eines nach dem andern

Achten Sie bei Korrekturanweisungen darauf, dass Sie nur auf **ein** Problem eingehen. Meist reicht es völlig aus zunächst eine Sache anzugehen und den Schüler zum Ausprobieren zu ermuntern, bevor man fortfährt. Am Anfang meiner Unterrichtskarriere unterlief mir oft der Fehler, zu viel auf einmal vom Schüler abzuverlangen. Ich habe mir das Stück oder Teile daraus angehört und dann sofort alles angekreidet, was mir auffiel. Gerade als junger, eifriger Lehrer möchte man gerne sofort möglichst viele Spielprobleme wegkorrigieren und dem Schüler demonstrieren, was man alles hört und kann. Die wenigsten Schüler sind jedoch in der Lage gleichzeitig mehrere Anweisungen umzusetzen. Sie brauchen ein kleinschrittiges Vorgehen und ausreichend Verarbeitungszeit. Inzwischen arbeite ich die Probleme nach der Rangfolge ihrer Dringlichkeit ab. Das heißt, ich kümmere mich zunächst um die „Beschwerden“, die mir oder dem Schüler am meisten „wehtun“. Dann übe ich mit dem Schüler so lange, bis er das Verlangte weitestgehend umsetzen kann.

Ich denke dabei oft an meine ehemalige Dozentin Prof. Dr. Mirjam Nastasi aus Freiburg. Sie saß meist ganz ruhig und konzentriert in einer Ecke des Zimmers, von wo aus sie sehr genau und aufmerksam zugehört hatte. Danach ging sie ganz gezielt auf ein Problem ein und wartete geduldig, bis die Verbesserungsvorschläge verdaut waren; dann erst wurde die nächste Hürde genommen. Dieses Warten, bis der Schüler „seinen Bissen hinuntergeschluckt hat“, ist außerordentlich wichtig. Während des Verdauungsprozesses fallen die Groschen und es entstehen „Aha“-Erlebnisse. Es geht darum, ein Gespür dafür zu entwickeln, wann der Schüler wieder aufnahmefähig für die nächste Lernportion ist. Fordert man zu viel auf einmal, kann es den Schüler verwirren und er weiß überhaupt nicht mehr, womit er anfangen soll. Natürlich gibt es auch Schüler, die sehr schnell umsetzen können und die es ganz gern haben, wenn ein wenig gepowert wird. Diese braucht man nicht ständig zu bremsen, außer sie spielen oberflächlich und schlampig.

Lob und Tadel

Kennen Sie die Sandwich-Methode? Bei dieser Methode wird die Kritik, die man vorbringen möchte, zwischen zwei Hälften, die aus Lob bestehen, verpackt. In der Praxis sieht das dann so aus, dass man dem Schüler, wenn er im Unterricht beispielsweise seine Hausaufgabe vorspielt, zunächst für das, was gut war, ein Lob ausspricht. Dann sollte dem Schüler klar gemacht werden, woran er noch arbeiten muss und ihm aber gleichzeitig zu verstehen gegeben werden, dass er gute Aussichten hat sein Spielproblem (mit Hilfe des Lehrers) in den Griff zu bekommen. Die kritische Anmerkung befindet sich damit zwischen der gegenwärtigen Anerkennung und einer hoffnungsvollen Zukunftsperspektive. Die meisten Schüler sind dann sehr einsichtig und gewillt an ihrem Spielproblem zu arbeiten. Schwierig wird es, wenn der Schüler selbst nicht erkennt, woran es noch hakt. Dann kann die liebevollste Kritik zur Ohrfeige werden. Der Schüler denkt, dass er wunderschön und fehlerfrei gespielt hat, und wir Lehrer wissen nicht, wie wir dem Schüler möglichst schonend klar machen sollen, wo es noch hapert. Wir gehen jetzt einmal davon aus, dass so ein Schüler nicht an Selbstüberschätzung leidet, sondern dass er einfach selber nicht hört, was an seinem Spiel nicht stimmt. Die Aufgabe des Lehrers besteht nun darin, den Schüler für Tonqualitäten, rhythmische und musikalische Feinheiten so weit zu sensibilisieren, dass dieser irgendwann selber erkennt, dass es jenseits seines Horizonts noch so einiges zu entdecken gibt. Das ist mühsam und erfordert pädagogisches Geschick, aber ein Schüler kann Fehler, die er selbst nicht wahrnimmt, niemals (dauerhaft) verbessern, weil sie ihn nicht stören. Quälen Sie in so einem Fall den Schüler nicht mit Übungen, deren Sinn er (noch) nicht verstehen kann. Ich taste mich immer behutsam vor und lasse ihn immer wieder mal von Zeit zu Zeit an einer Tonübung, einem Rhythmusspiel usw. schnuppern. Mit Kritik und Tadel kann niemand zur Einsicht gezwungen werden. Welcher Schüler spielt schon absichtlich falsch und unrhythmisch?

Loben Sie den Schüler für gute Absichten, auch wenn diese schlecht umgesetzt werden. Im Alter von etwa zehn bis vierzehn Jahren möchten Kinder bzw. Jugendliche z. B. sehr gerne schnelle, fetzige Stücke spielen. Stolz präsentieren sie dem Lehrer eine Presto-Version ihrer Hausaufgabe. Da passiert es dann schon einmal, dass im Eifer des Gefechts ungleichmäßige Tonfolgen, falsche Töne und ungenaue Rhythmen produziert werden. Solange sich die Spielfehler in Grenzen halten und ich das Gefühl habe, dass der Schüler sich das Stück auch wirklich zu Hause angeschaut hat, spare ich nicht mit Lob und beglückwünsche den Schüler zu seinem rasenden Tempo. Der Schüler freut sich darüber, dass er das Stück so schnell hingekriegt hat; warum soll ich ihm diese Begeisterung durch Kritik vermasseln? Man kann dann anschließend immer noch „unauffällig“ durch gründliche Arbeit dem Schüler die Feinheiten unterjubeln. Oft hört er im Nachhinein selbst, wie unsauber und oberflächlich sein ursprünglicher Vortrag war. Ich kenne eine Englischlehrerin, die ihre Schüler (Fünftklässler und damit Anfänger) bestraft, wenn sie sich selber neue Wörter aneignen. Sie hat Sorge, dass sich ihre Schützlinge durch diese eigenständige Weiterbildung eine falsche Aussprache oder Schreibweise angewöhnen. Das kann ich verstehen, dennoch ist es traurig, dass die Schüler dadurch ihrer Motivation und ihres Lerneifers beraubt werden.

Loben Sie einen fleißigen, leistungsschwachen Schüler mehr als einen talentierten Faulpelz. Sehr begabte Schüler können mit einem vergleichsweise geringen Aufwand gute Resultate erzielen. Daher brauchen Naturtalente, die durch mehr Anstrengung und Übungsfleiß noch besser spielen könnten, nicht mit Lob überschüttet zu werden. Hier ist Ehrlichkeit angesagt: Teilen Sie dem Schüler unmissverständlich mit, dass die Qualität seines Vortrages nicht nur von dem bestimmt wird, was ihm in die Wiege gelegt wurde. Geben Sie einem Überflieger Stücke, die ihn (heraus)fordern und lassen Sie bei Kleinigkeiten, die Sie einem mittelmäßigen Spieler nachsehen würden, nicht locker.

Ich möchte noch einmal betonen, dass es grundsätzlich sehr wichtig ist, die Fortschritte des Schülers zu registrieren und anzuerkennen. Sagen Sie es dem Schüler, wenn sich sein Spiel im Rahmen seiner Möglichkeiten (in Ihrem Sinne) verbessert hat. Für positive Veränderungen, und seien sie noch so gering, gelobt zu werden, ist Balsam für die Seele. Unsere Lehrerohren sind viel zu sehr darauf getrimmt, defizitorientiert zu arbeiten. Statt eine Leistungssteigerung zu würdigen, meckern wir an neuen Fehlern herum, die uns natürlich sofort aufgefallen sind. Je besser wir selbst spielen, desto wacher sind wir für Unstimmigkeiten beim Spiel des Schülers. Als Klavierlehrerin bin ich z. B. viel gnädiger mit meinen Schülern als beim Querflötenunterricht. Mich stören fehlerhafte Kleinigkeiten weniger, weil ich kein Pianist bin und mir somit das „Katastrophenausmaß" eines Fehlers nicht ausreichend bewusst ist. Dass sich das pädagogische Geschick eines Lehrers umgekehrt proportional zu dessen künstlerisch-technischem Niveau verhält, ist im Übrigen keine Seltenheit. Ein Lehrer hat viel mehr Verständnis für Schwierigkeiten des Schülers, wenn er selbst auch kämpfen musste.

Bei kleinen Fehlern, die unbeabsichtigt passiert sein könnten (z. B. falsche Töne), lautet die Devise: erst einmal abwarten! Solche Patzer erledigen sich manchmal von allein beim nächsten Durchspielen. Wenn nicht, können Sie immer noch eingreifen. Reiben Sie dem Schüler nicht Fehler unter die Nase, die er ein paar Sekunden später vielleicht selbst bemerkt. Warum auf Peanuts herumhacken, die sich im Laufe des weiteren Verfahrens in Luft auflösen? Es ist sehr aufschlussreich, ob überhaupt und wann der Schüler bei offensichtlichen Schnitzern reagiert.

Der Ton macht im Übrigen auch hier die Musik. Es ist ein Unterschied, ob Sie dem Schüler einen Fehler selbstgefällig und mit einem schadenfrohen Unterton aufs Butterbrot schmieren oder ob Sie Ihre Kritik wohlwollend und eher nebenbei erwähnen.

Einen weiteren Punkt, den es zu beachten gilt, stellt die Trennung von Person und Sache dar. Eine inhaltliche Kritik am Spiel des Schülers darf niemals mit dessen Persönlichkeit verknüpft oder generalisiert werden. Sagen Sie: „Deine Tonleitern klingen schlampig" statt „Du bist ein Schlamper" oder „Dein Ton klingt schlecht" statt „Du spielst schlecht".

Am Ende einer erfolgreichen Unterrichtsstunde bringe ich gerne die Fortschritte des Schülers nochmals mit einem extra Lob auf den Punkt. Ich freue mich, wenn sich ein Schüler auf einem guten Weg befindet und finde es deshalb besonders wichtig die erzielten Resultate nach getaner Arbeit zusammenzufassen und in einem ermutigenden Schlusssatz zum Ausdruck zu bringen.

Die Rolle des Lehrers

In der Pop- und Rockmusik gibt es den Begriff des *Critical friend*, der Lehrer als freundschaftlicher Kritiker. Ich will damit nicht sagen, dass Sie mit Ihren Schülern Brüderschaft trinken sollen, sondern es geht darum, sich menschlich auf die gleiche Stufe zu stellen, wo sich auch die Schüler befinden. Im Rock- und Popmusikbereich ist das, wie gesagt, eine Selbstverständlichkeit. Da der Lehrer meist selbst als Bandmitglied fungiert, ist die Atmosphäre locker und entspannt. Der Lehrer ist Vorbild und Tonangeber, ein kompetenter Berater, nicht mehr, aber auch nicht weniger.

Als Lehrer sind Sie dem Schüler, zumindest was Ihr Fachgebiet anbelangt, wissens- und leistungsmäßig in der Regel überlegen. Das berechtigt Sie jedoch nicht, auf den Schüler hinunterzuschauen und gnädig seine Anwesenheit zu erdulden. Genießen Sie es, von Schülern bewundert und angehimmelt zu werden, aber benutzen Sie Ihren Status nicht, um Ihre Schützlinge zu unterdrücken. Ein lernwilliger Schüler braucht einen einfühlsamen Komplizen, der ihn bei der Hand nimmt, und keinen Besserwisser, der von oben herab Anweisungen erteilt; letztlich sitzen wir alle im selben Boot. Zeigen Sie dem Schüler ruhig, dass auch Sie instrumentale Probleme überwunden und bewältigt haben. Kompetente Vertreter der sog. ernsten Musik werden gerne auf einen Sockel gestellt, aber ein weltberühmter Dirigent ist kein besserer Mensch nur weil er grandios Klavier spielen und einen Stapel Partituren auswendig dirigieren kann. Wenn Sie als Musiker schon abheben wollen, so sollten Sie als Lehrer zumindest auf dem Boden bleiben. Vieles von dem, was wir im Instrumentalunterricht leisten, ist mehr oder weniger gute handwerkliche Basistätigkeit zugunsten eines im Idealfall hoch motivierten Schülers. Künstlerische Höhenflüge können wir uns selten erlauben, weil uns unterhalb des Hochschulniveaus das entsprechende Klientel fehlt und selbst als begnadeter Künstler oder Wissenschaftler tut man gut daran zu wissen, wo der Boden ist. Wirklich große Leute sind oft erstaunlich schlicht und haben es nicht nötig zu prahlen. Der Bruder von Herbert Grönemeyer, Prof. Dr. Dietrich Grönemeyer, ein inzwischen preisgekrönter Radiologe, der sich sehr für die Menschlichkeit in der Medizin einsetzt, ist ein Beispiel dafür. Trotz seiner beachtlichen Erfolge ist er auf dem Teppich geblieben und wirkt gerade dadurch sehr kompetent. Titel und Leistungen dürfen nicht dazu führen andere Leute mit weniger Respekt zu behandeln, nur weil diese sich in einem Abhängigkeitsverhältnis befinden. Bleiben Sie im guten Sinne bescheiden und demütig. Wer schon lange unterrichtet, weiß, wie sehr man sich täuschen und irren kann, wenn es um die Beurteilung von Schülercharakteren und -leistungen geht. Da ich an einer allgemeinbildenden Schule tätig bin, erlebe ich es nicht selten, dass ehemalige Schüler, deren schulische Leistungen alles andere als erquicklich waren, trotzdem ihren Weg gingen und beruflich erfolgreich wurden. Man kann sich als Pädagoge eben keine arroganten Zukunftsprognosen erlauben. Mir fällt gerade ein ehemaliger Kommilitone ein, dessen Lehrer an ihm kein gutes Haar gelassen hat. Ich staunte nicht schlecht, als ich neulich per Zufall erfuhr, was er inzwischen für eine Karriere hingelegt hat. Dagegen haben einige der damaligen Lieblingsschüler desselben Lehrers eine eher mittelmäßige Laufbahn absolviert.

[5] Als Vorlage dient der Mutter-Typ-Test aus dem Buch von *Dr. Eva Wlodarek:* Hilf dir selbst. Krüger-Verlag, Frankfurt, 2004. S. 258–267.

Psychotest: Erkenne dich selbst[5]

Am Anfang steht die Selbsterkenntnis. Sicher sind Sie ein guter Lehrer - aber auf welche Art und Weise? Das hängt mit Ihrer Persönlichkeit zusammen. Testen Sie, was Sie Ihren Schülern Besonderes bieten und wo Sie aus dem gleichen Grund aufpassen sollten. So wird der Test gemacht: Kreuzen Sie immer nur jeweils diejenige Antwort an, die am **ehesten** für Sie zutrifft.

Testfragen

Frage 1: Eine neue Schule für Ihr Instrument kommt auf den Markt. Sie lesen den ansprechenden Werbeprospekt und denken:

D „Diese Schule muss ich mir unbedingt zulegen."

C „Wozu brauche ich eine neue Schule? Ich habe gute Erfahrungen mit meinen bisherigen Schulen gemacht."

A „Klingt interessant. Ich werde die Schule bei Gelegenheit näher unter die Lupe nehmen um zu sehen, ob sie was taugen könnte und dann entscheiden, ob ich sie brauche."

B „Ich glaube, für meine Problemfälle wäre das genau die richtige Schule."

Frage 2: Einer Ihrer Schüler, der normalerweise regelmäßig übt, eröffnet Ihnen am Anfang der Stunde, dass er in den letzten Tagen kaum zum Üben gekommen ist. Wie reagieren Sie?

A Sie sind sauer. Schließlich steht ein wichtiges Vorspiel an. Dann machen Sie ihm klar, dass er bis zur nächsten Stunde umso mehr üben muss.

D Sie sehen es ihm nach und haben somit die Möglichkeit, eine neue Rhythmusübung mit ihm auszuprobieren.

B Sie haben Verständnis für seinen Zeitmangel und arbeiten mit viel Einsatz und Energie, damit er sein Stück trotzdem rechtzeitig beherrscht.

C Sie verstehen nicht, warum ein so zuverlässiger Schüler seine Kontinuität verliert.

Frage 3: Einer Ihrer Schüler möchte unbedingt ein bestimmtes Stück im Unterricht (nicht im Konzert) spielen, das eigentlich zu schwer für ihn ist. Wie reagieren Sie?

D Sie lassen den Schüler das Stück trotzdem ausprobieren. Während des Unterrichtens fällt Ihnen ein, dass es ein ähnliches Stück gibt, das etwas einfacher ist und dem Schüler auch gut gefallen könnte.

B Sie versuchen alles Mögliche, helfen ihm, so gut Sie können, und loben ihn großzügig für seine Versuche. Vielleicht kriegt er es ja doch hin.

C Sie raten ihm davon ab, das Stück zu spielen und geben ihm etwas, das Ihrer Meinung nach als nächstes ansteht.

A Sie machen ihm klar, was ihm noch fehlt um das Stück zu bewältigen und arbeiten konsequent an den noch fehlenden Voraussetzungen.

Frage 4: Welcher Lehrertyp nervt Sie am meisten?

C Ein übereifriger Hektiker, der sich sofort unkritisch auf jede Innovation stürzt.
D Ein unflexibler Sturkopf, der seit eh und je den selben Stiefel unterricht und sich nichts Neues einfallen lässt.
A Ein Lehrer, der seine Schüler verhätschelt und ihnen alles abnimmt.
B Jemand, der beim Unterrichten eine selbstdarstellerische Show abzieht.

Frage 5: Ein Schüler versagt bei einem Vorspiel. Was sagen Sie zu ihm?

B „So schlecht war das doch gar nicht. Das nächste Mal wird es bestimmt besser."
A „Einige Dinge sind gut gelaufen, andere weniger. Wir müssen in der nächsten Zeit verstärkt an deinem Problem arbeiten, damit es beim nächsten Auftritt besser wird."
C „Schade, jetzt haben wir so lange daran gearbeitet und trotzdem hat es nicht ganz so gut geklappt".
D „Das macht doch überhaupt nichts aus. Morgen hast du das schon vergessen."

Frage 6: Ein Kollege bittet Sie um Hilfe wegen eines Schülers, der große Probleme mit der Auge-Hand-Koordination hat. Was raten Sie ihm?

D Sie zeigen ihm viele verschiedene Fingerübungen. Später fällt Ihnen ein, dass Sie noch eine Übung vergessen haben zu erwähnen.
C Sie raten ihm zu einer ganz bestimmten Übung, mit der Sie seit jeher gute Erfahrungen gemacht haben.
A Sie sagen zu Ihrem Kollegen, dass sich an dem Problem vermutlich nichts ändern wird, solange der Schüler nicht bereit ist, konsequent an seinem Problem zu arbeiten.
B Sie freuen sich, dass Ihr Kollege Sie um Rat fragt. Dann versuchen Sie sich in die Situation des Schülers zu versetzen und überlegen, was ihm helfen könnte.

Frage 7: Einer Ihrer besten Schüler wechselt überraschend zu einem anderen Lehrer. Wie gehen Sie damit um?

B Sie grübeln darüber nach, was Sie falsch gemacht haben könnten.
A An Ihnen kann es jedenfalls nicht liegen. Sie haben alles Menschenmögliche getan.
D Sie sind einen Moment lang irritiert und lassen die Sache auf sich beruhen. Schließlich haben Sie genug andere Schüler.
C Sie können nicht verstehen, weshalb er wechseln möchte und versuchen ihn dazu zu überreden, bei Ihnen zu bleiben.

Frage 8: Sie sollen bei einem Lehrerkonzert auftreten. Nach welchem **Haupt**kriterium wählen Sie Ihr Stück aus?

[A] Ihnen kommt es weniger auf das Stück an als darauf, dass Sie sich gründlich vorbereiten. Schließlich wollen Sie sich nicht blamieren.
[C] Sie gehen auf Nummer sicher und wählen etwas aus, das Sie schon einmal (vor)gespielt haben.
[B] Sie überlegen zunächst einmal, was bei den Zuhörern am besten ankommen könnte.
[D] Sie nutzen die Gelegenheit, um etwas völlig Neues einzustudieren.

Frage 9: Seit geraumer Zeit haben Sie Schwierigkeiten mit einem unmotivierten, unzufriedenen und obendrein aufmüpfigen Schüler. Prompt beschweren sich die Eltern auch noch bei Ihnen über Ihren Unterrichtsstil und Ihre Literaturauswahl. Wie reagieren Sie?

[A] Sie regen sich auf und denken: Der Apfel fällt nicht weit vom Stamm.
[B] Sie reagieren verständnisvoll, fühlen sich jedoch gekränkt und suchen den Fehler bei sich.
[C] Sie machen dem Vater/der Mutter klar, dass Ihre Methoden und Stücke bisher immer Anklang fanden und Sie keinerlei Veranlassung sehen, daran etwas zu verändern.
[D] Sie bieten den Eltern verschiedene Lösungs- und Änderungsvorschläge an und haken den Vorfall in Kürze ab.

Frage 10: Sie betreuen ein Ensemble, das bei einem Schülerkonzert spielen soll. Drei Tage vor dem Auftritt erfahren Sie, dass ein Ensemble-Mitglied krank ist und nicht spielen kann. Was tun Sie?

[B] Sie suchen fieberhaft nach einem Ersatz. Wenn Sie niemanden finden, spielen Sie eben selbst die fehlende Stimme mit. Auf diese Art und Weise können Sie dann auch die verbleibenden Ensemble-Mitglieder musikalisch unterstützen.
[A] Sie ärgern sich, weil Sie viel Zeit und Aufwand investiert haben und bezweifeln, ob der Schüler wirklich krank ist.
[C] Sie überlegen lange hin und her, wie Sie das Problem lösen könnten. Der fehlende Spieler lässt sich Ihrer Meinung nach nicht so einfach ersetzen.
[D] Sie entscheiden spontan, ob Sie selbst einspringen oder den Auftritt evtl. absagen.

Frage 11: In Ihrer Freizeit

[C] denken Sie so gut wie nie an den Unterricht.
[A] denken Sie darüber nach, was Sie mit welchem Schüler noch bewältigen müssen. Dabei legen Sie sich auch entsprechende Strategien zurecht.
[B] gehen Ihnen gelegentlich solche Schüler durch den Kopf, die wegen eines größeren Spielproblems oder eines Vorspiels besondere Aufmerksamkeit benötigen.
[D] haben Sie viele Einfälle für den Unterricht, die Sie jedoch nicht immer in die Tat umsetzen.

Frage 12: Wenn Sie selber nicht genügend zum Üben kommen,

D macht Ihnen das nicht so viel aus. Sie spielen gerne im Unterricht mit Ihren Schülern mit. Dadurch bleiben Sie auch in Übung.
A sind Sie unzufrieden. Es ist Ihnen wichtig, Ihre Form zu halten. Deshalb sorgen Sie dafür, dass Sie regelmäßig üben können.
B liegt das daran, dass Sie ausgelaugt sind vom Unterrichten. Sie würden gerne mehr üben, Ihnen fehlt jedoch häufig die Kraft. Allerdings plagt Sie das schlechte Gewissen, wenn der „ungeübte Zustand" länger anhält.
C zehren Sie von Ihrem „Speck", den Sie sich kontinuierlich erarbeitet haben.

Frage 13: Als pubertierender Instrumentalschüler waren Sie

A ehrgeizig und zielstrebig. Während sich andere Jugendliche vergnügten, haben Sie geübt.
C konstant, zuverlässig, geradlinig. Die Pubertät hatte keinen Einfluss auf Ihr Übe- und Spielverhalten.
B pflichtbewusst, fleißig, gehorsam. Sie wollten Ihre Lehrer zufrieden stellen. Sie neigten zu Verschlossenheit und benutzten Ihr Instrument als Möglichkeit Ihren Gefühlen Ausdruck zu verleihen.
D unausgeglichen und mit anderen Dingen beschäftigt. Sie konnten sich nicht richtig auf Ihr Instrumentalspiel konzentrieren.

Frage 14: Ein Schüler vertraut Ihnen ein privates Problem an. Wie gehen Sie darauf ein?

B Sie hören aufmerksam zu. Bestimmt fallen Ihnen ein paar Ratschläge oder tröstende Worte ein.
A Da Sie mit dem Problem nichts zu tun haben, gehen Sie nicht groß darauf ein.
C Sie verwenden eine bestimmte Zeit für das Problem und fahren dann mit dem Unterricht fort.
D Sie versuchen die Stimmung des Schülers im Unterricht kreativ zu verarbeiten.

Frage 15: Während des Unterrichts sind Sie

A hoch konzentriert, effizient, fordernd.
C geduldig und gelassen, ein „Fels in der Brandung".
D quirlig, lebendig, immer „in action".
B hilfsbereit, einfühlsam, bemüht.

Testauswertung

Zählen Sie zusammen, wie oft Sie A, B, C und D angekreuzt haben. Ihre Auflösung finden Sie unter dem Buchstaben, den Sie am häufigsten angekreuzt haben. Falls Sie mehrere Buchstaben gleich oft haben, lesen Sie zunächst Auflösung E.

A Der strenge Lehrer-Typ

Ihre Konsequenz ist beispielhaft. Sie haben einen gesunden Ehrgeiz und wissen Qualität zu schätzen. Kein Wunder, dass Sie auch bei Ihren Schülern auf Leistung achten. Wenn Sie einen Schüler unter Ihre Fittiche nehmen, holen Sie das Maximale aus ihm heraus. Sie wissen ganz genau, was Sie im Unterricht wollen und setzen es ohne „Wenn und Aber“ durch. Sie verlangen viel und erwarten selbstverständlich, dass Ihre Schüler jeden Tag üben. Auch Ihr eigener Fortschritt ist ohne Zweifel das Ergebnis von Fleiß und Disziplin. Selbst wenn Sie viel um die Ohren haben, versuchen Sie Ihr tägliches Übepensum zu absolvieren. Faule Ausreden lassen Sie nur in begründeten Ausnahmefällen gelten. Sie können sich gut abgrenzen und wenn etwas nicht in Ihrem Sinne funktioniert, kann es im Prinzip nur am Schüler liegen. Sie haben schließlich Ihr Bestes gegeben.

Lassen Sie zwischendurch auch einmal „Fünf gerade sein“. So mancher Fortschritt entpuppt sich langfristig möglicherweise als Rückschritt, etwa dann, wenn ein Schüler seine Leistungen mit unerwünschten „Nebenwirkungen“ bezahlt. Dazu gehören z. B. körperliche Verspannungen oder große Vorspielängste. Wenn Sie sich selber und damit auch Ihre Schüler zu sehr unter Druck setzen, besteht die Gefahr, dass sich sowohl bei Ihnen als auch beim Schüler subtile Verkrampfungen aufbauen, die sich negativer auf das Spiel auswirken als gelegentlicher, wohldosierter Müßiggang. Schauen Sie nicht nur auf das Ziel, sondern auch auf den Weg dorthin. Im Nachhinein kann sich ein längerer, dafür etwas entspannter Umweg als wirksamer erweisen. Schließlich möchten Sie doch lebendige, individuell musizierende Persönlichkeiten ausbilden und keine dressierten Äffchen heranzüchten.

B Der fürsorgliche Lehrer-Typ

Sie greifen Ihren Schützlingen gerne unter die Arme und haben sämtliche Antennen dafür ausgefahren, was diese gerade am nötigsten brauchen. Sie können sich gut in eine Schülersituation hineinversetzen. Funktioniert etwas nicht, suchen Sie fieberhaft nach Lösungsmöglichkeiten. Deshalb haben Sie auch für so ziemlich jedes Spielproblem eine wirksame Übung parat. Wenn Sie während Ihres eigenen Übens eine Entdeckung machen oder auf einer Fortbildung etwas Interessantes erfahren, überlegen Sie sofort, wie Sie Ihre neuen Erkenntnisse fruchtbringend für Ihre Schülerschar einsetzen können. Es ist Ihnen außerordentlich wichtig, dass sich Ihre Schüler in Ihrem Unterricht wohl fühlen. Falls Sie von Schülern skeptisch beäugt werden, beziehen Sie das auf sich und überlegen, was Sie falsch gemacht haben könnten.

Sie bekommen schnell Mitleid und greifen unterstützend ein, wenn ein Schüler sich sehr abmühen muss und mit einer Reihe von Schwierigkeiten zu kämpfen hat. Vielleicht neigen Sie sogar dazu, Ihre Schüler zu unterfordern, weil Sie es nicht übers Herz bringen, einen höheren Arbeitseinsatz zu verlangen. Ihre Anteilnahme und Hilfsbereitschaft ist grundsätzlich begrüßenswert, solange Sie sich dabei nicht selbst zu sehr verausgaben. Bedenken Sie, dass vor allem Jugendliche für ihr Fortkommen zum großen Teil selbst verantwortlich sind. Unangenehme Folgen aufgrund von Defiziten muss im Endeffekt der Schüler ausbaden. Wie soll er Eigeninitiative und damit Selbständigkeit erwerben, wenn Sie ihn permanent mit Serviceleistungen verwöhnen? Der Weg zum Gipfel ist zweifelsfrei mit Mühe und Anstrengung verbunden. Das sollte ein Schüler durchaus zu spüren bekommen. Bringen Sie ihn nicht um diese Erfahrung, indem Sie ihm zu sehr den Weg ebnen. Im schlimmsten Fall werden Sie ausgenutzt oder Sie bauen Abhängigkeiten auf. Dann verlassen sich Ihre Schüler nur noch auf Ihr bereitwilliges Entgegenkommen und schränken ihr eigenständiges Übe-Engagement ein. Teenager finden es ohnehin eher lästig, wenn man sie dauernd mit Ratschlägen überhäuft und ihnen mit Hilfsangeboten auf die Pelle rückt. Dadurch fühlen sie sich schnell eingeengt und kontrolliert. Entwickeln Sie nach und nach ein Gespür dafür, wann Sie wirklich helfend eingreifen müssen und wann es besser ist, die Arbeitsbelastung dem Schüler aufzubürden und damit die Verantwortung abzugeben. Drosseln Sie Ihren überdurchschnittlichen Arbeitseinsatz von Zeit zu Zeit und halten Sie's mit Jean-Paul Sartre: „Manchem kann man nur dadurch helfen, dass man ihm nicht hilft."

C Der beständige Lehrer-Typ

Sie greifen gerne auf einen schon lange bestehenden Vorrat an Übungen, Literatur und Methoden zurück. Warum sollten Sie auch daran etwas ändern, schließlich hat sich Ihre Vorgehensweise bewährt. Neue Schulen und alternative Lehrmethoden sind Ihnen suspekt. Sie benutzen lieber das, was Sie schon kennen und sicher beherrschen. Gewöhnlich beginnen Sie Ihren Unterricht auf die gleiche Art und Weise, z. B. mit einer bestimmten Tonübung zum Einspielen. Durch diese Regelmäßigkeit bieten Sie Ihren Schülern Zuverlässigkeit und konstante Weiterentwicklung. Vor allem Kinder brauchen vertraute Rituale und Bezugspersonen, auf die sie sich verlassen können. Dass Sie sich nicht so gerne für Neues interessieren, hat nicht notwendigerweise mit Bequemlichkeit zu tun, sondern mit der Tatsache, dass Sie lieber dem Altbewährten vertrauen als irgendwelchen neuartigen Methoden.

Der Nachteil besteht darin, dass Ihr Unterrichtsstil auf Dauer ein wenig eintönig wird. Sorgen Sie in Ihrem eigenen Interesse für frischen Wind, indem Sie zwischendurch absichtlich von Ihrem eingefahrenen Kurs abweichen. Wenn Sie normalerweise immer einen festen Platz im Unterrichtsraum einnehmen, könnten Sie z. B. mehrmals während des Unterrichts die Perspektive wechseln. Stöbern Sie nach neuen Noten oder besuchen Sie eine interessante Fortbildung. Holen Sie sich neue Anregungen und verknüpfen Sie diese mit Ihrem bestehenden Können. Sie werden staunen wie kreativ Instrumentalunterricht sein kann. Sorgen Sie sich nicht, dass Ihnen Ihr beständiger Stil abhanden kommt. Das, was Sie sich schon erarbeitet haben, kann Ihnen niemand mehr wegnehmen.

D Der sprunghafte Lehrer-Typ

Sie interessieren sich gerne für neue Dinge und sind grundsätzlich sehr aufgeschlossen. Ihr Unterricht zeichnet sich daher vor allem durch Spontaneität und Vielseitigkeit aus. Routine und eingefahrene Denkmuster sind nicht Ihr Ding. Daher lautet Ihr Credo: so viel Abwechslung wie möglich. Sie sind ständig auf der Suche nach neuen Übungen, Noten und Methoden. Ihr Bedürfnis nach Abwechslung macht auch vor Ihrem eigenen Spiel nicht Halt. Vielleicht probieren Sie gerne verschiedene Materialien für Ihr Instrument aus, z. B. Kopfstücke, Mundstücke oder Blätter.

Sie gestalten Ihren Unterricht sehr lebendig und kreativ. Langeweile und Eintönigkeit kommt bei Ihnen garantiert nicht auf. Sie sprühen vor Energie und haben tolle Ideen auf Lager. Bestimmt können Sie Ihre Schüler gut motivieren und animieren.

Sie sollten jedoch aufpassen, dass es nicht zu viel des Guten wird. Manchmal ist weniger mehr. Sicher ist es praktisch, auf viele verschiedene Stücke und Lösungsstrategien zurückgreifen zu können. Zuviel Neues kann jedoch auch verwirren und damit überfordern. Es kann sein, dass Sie durch Ihre Geschäftigkeit manchmal etwas zerstreut und abwesend wirken. Schüler brauchen jedoch einen ruhigen, verlässlichen Pol, auf den Sie sich beziehen können. Picken Sie gezielte Übungen und Stücke heraus und bleiben Sie zwischendurch auch einmal mehrere Wochen an einem bestimmten Thema dran. Gehen Sie Spielproblemen auf den Grund, statt Sie nur oberflächlich zu streifen. Falls Sie dazu neigen, sich viel zu bewegen, sei es durch Gestik oder durch Positionswechsel im Raum, versuchen Sie gelegentlich für ein paar Minuten zu sitzen bzw. sich an einer bestimmten Stelle im Raum aufzuhalten. Dies ist vor allem dann ratsam, wenn der Schüler vorspielt. Hören Sie konzentriert zu, statt hektisch herumzuflattern und tausend Gedanken darüber zu verlieren, was Sie als nächstes alles ausprobieren und umsetzen möchten. Morgen ist auch noch ein Tag.

E Hinweise für den Multi-Typ

Sie lassen sich nicht auf einen einzigen Typ festlegen, dazu sind Sie zu vielseitig. Prinzipiell ist es von Vorteil, ohne große Anstrengung zwischen unterschiedlichen Verhaltensweisen pendeln zu können. Wichtig ist dabei jedoch, dass Sie in der jeweiligen Situation angemessen reagieren. Wenn Sie sich überraschend heute so und morgen so verhalten, irritieren Sie Ihre Schüler.

Welche Seiten bei Ihnen besonders ausgeprägt sind, lesen Sie bitte detailliert unter denjenigen Buchstaben nach, die Sie gleich häufig angekreuzt haben. Orientieren Sie sich dabei an den Pluspunkten und haben Sie ein wachsames Auge auf die Schattenseiten.

Den Horizont erweitern durch Fort- und Weiterbildungen

Ich möchte jedem Instrumentallehrer dringend ans Herz legen sich in seinem eigenen Interesse fortzubilden. Oder wollen Sie bis zu Ihrer Rente immer das Gleiche erzählen, immer dieselbe Literatur verwenden und dieselben Strategien wählen? Jeder Job wird irgendwann zur Routine, das ist klar. Aber eine andere Sichtweise und neue Impulse können den Unterrichtsalltag ungemein auffrischen; der Unterricht wird vielseitiger und umfassender.

Grundsätzlich ist es sinnvoll, sich innerhalb der Tätigkeit ein oder vielleicht auch mehrere Spezialgebiete zu suchen und sich in diesen Bereichen weiterzubilden. Man schafft sich dadurch eine Nische, in der man sich gut auskennt. Ich habe mich z. B. für die Bereiche Atmung, Stütze, Körperbewusstsein entschieden und entsprechende Weiterbildungen absolviert.

Darüber hinaus gibt es unendlich viele Möglichkeiten den eigenen Horizont und damit sein eigenes Unterrichtsrepertoire zu erweitern. Wählen Sie Bereiche aus, für die Sie sich wirklich interessieren. Halbherzige Aktionen, die Sie aus Pflichtbewusstsein absolvieren, bringen Sie nicht weiter. Ich besuche sehr gerne Rhythmus-Fortbildungen, wie z. B. Bodypercussion, Ta Ke Ti Na[6] (Rhythmuspäda-

[6] Die Ta-Ke-Ti-Na-Rhythmus-Pädagogik ist ein musikalischer Gruppenprozess, durch den jeder Mensch Zutritt zu seiner rhythmischen Begabung bekommt. Sie vermittelt Rhythmus so, wie der Mensch ihn von Natur aus am besten lernen und verstehen kann. Anstatt Rhythmus-Patterns einzustudieren, wird der Lernende direkt zur Erfahrung elementarer musikalischer Bausteine geführt, die im Bewusstsein jedes Menschen verankert sind. Die Teilnehmer kommen mit ihrem rhythmischen Urwissen in Berührung. Der Körper ist das Hauptinstrument, die Begegnung mit Rhythmus erlebt der Lernende direkt und intensiv. Mit der Stimme, mit Klatschen und mit Schrittbewegungen werden die Teilnehmer im Ta-Ke-Ti-Na-Prozess gleichzeitig auf drei unterschiedliche Rhythmus-Ebenen geführt. Der Puls einer Basstrommel begleitet und stabilisiert den Grundrhythmus der Schritte, im Klatschen hingegen bauen sich kontrastierende Rhythmen auf. Ein sich ständig verändernder Wechselgesang bringt das improvisierende Element und destabilisierende Kraft in den Prozess. Im Zusammenwirken von Stabilisierung und Destabilisierung fallen einzelne Teilnehmer immer wieder aus dem Rhythmus. Der Rhythmus der Gruppe aber holt jeden sanft und kraftvoll zugleich zurück – ein Prozess, der tiefgreifendes musikalisches Selbstvertrauen entwickelt. (Quelle: www.taketina.com, www.taketina.net, www.flatischler.com)

gogik nach Reinhard Flatischler), afrikanisches Trommeln, Musik und Bewegung. Dabei lerne ich nicht nur viel, sondern nehme auch jedes Mal tolle Ideen und Anregungen für den Unterricht mit nach Hause. Ich studiere liebend gerne die Fortbildungsprogramme der einzelnen Institutionen und wähle dann die Themen aus, die mich begeistern. Die Tatsache, dass sich diese Schulungen auch auf meinen Unterricht bzw. meine Schüler positiv auswirken, ist eigentlich eher ein angenehmer Nebeneffekt.

Es gibt viele interessante, spannende und musikalisch wertvolle Gebiete, die beim Musikstudium leider vernachlässigt werden oder sogar gänzlich fehlen. Durch Fortbildungen können Sie Wissenslücken schließen und neue Bereiche erobern. Das Instrumentalpädagogikstudium ist im Gegensatz zum Schulmusikstudium leider etwas einseitig ausgerichtet. Die Spezialisierung auf dem jeweiligen Instrument ist insofern vorteilhaft, als man sein Instrument wirklich gut beherrscht. Der instrumentale Tunnelblick verschleiert jedoch die Sicht auf interessante fachfremde Angebote, die gut für den Instrumentalunterricht genutzt werden können. Viele Werkzeuge, die ich zum Unterrichten brauche, habe ich mir nicht im Studium, sondern auf diversen Fortbildungen angeeignet. Nebenbei entwickelte ich mich dadurch auch selbst quasi „durch die Hintertür" auf dem Instrument weiter.

Ein weiterer positiver Aspekt einer Weiterbildung ist das Knüpfen neuer Kontakte. Ich habe z. B. auf einer Fortbildung von einer freien Stelle erfahren und mich daraufhin erfolgreich darum beworben.

Wichtig ist nur, dass Sie die Qualität der Fortbildung, so weit es geht, sorgfältig überprüfen. Die Vita des Dozenten und die Art der Institution sagen schon vieles aus. Studieren Sie Fachzeitschriften und hören Sie auf Mund-zu-Mund-Propaganda. Auf diese Art und Weise erfahren Sie, wer auf welchem Gebiet ein Experte ist. Nach einiger Zeit werden Sie sicherer beim Auswählen und können sich gezielt Ihre Favoriten herauspicken.

Der Umgangston macht die Musik

Hier geht es nicht um Tonbildung am Instrument, sondern um Ihren stimmlichen Tonfall während des Unterrichts. Dazu gehört zunächst einmal, dass Sie sich höflich und freundlich verhalten, regelmäßig das Wort „bitte" benutzen, Ihr musikalisches Klientel angemessen begrüßen und sich von ihm verabschieden.

Nicht nur ein Redner oder Klassenunterrichtslehrer, sondern auch ein Instrumentallehrer sollte sich ein paar Gedanken über den gesundheitlichen Zustand, die Lautstärke, den Charakter der Stimme und über das Sprechtempo machen. Im ersten Jahr meiner Tätigkeit als Vollzeit-Instrumentallehrerin war ich nach dem Unterricht oft stimmlich „am Ende". Bei Telefonaten, die ich am Abend zu Hause führte, konnte ich nur noch krächzen. Eine logopädische Behandlung und jahrelanger Gesangsunterricht haben mich sensibler für „Stimmschwankungen" gemacht. Schon bald bemerkte ich bei mir und bei Kollegen den Unterschied zwischen einer sonoren und einer gepressten Sprechstimme.

Neben dem gesundheitlichen Aspekt gibt es auch noch die Art und Weise, wie wir sprachlich kommunizieren. Dieser Umgangston prägt das Unterrichtsklima. Ein barscher, vorwurfsvoller Befehls- oder „Kasernenhofton" schüchtert ein und eine schrille, schneidende Stimme schreckt ab, auch wenn die

Inhalte harmlos sind. Ein winselnder, zurückhaltender „Vielleicht"-Ton schwächt unsere Position. Dadurch wirken wir kleiner und inkompetenter als wir tatsächlich sind. Die Hamburger Diplompsychologin Dr. Eva Wlodarek nennt unsicheres Sprechen in der Möglichkeitsform die „Seidenpapier-Sprache". „Ich finde, dass du jetzt eigentlich mal ein schwereres Stück spielen könntest. - Würde es dir etwas ausmachen, wenn wir vielleicht noch eine Tonleiter ausprobieren?" Mit dieser vagen, vorsichtigen Ausdrucksweise erhält der Schüler ein unscharfes Bild von unserer Meinung. So ein sprachliches Schonprogramm ist genauso unangebracht wie verletzendes Vor-den-Kopf-Stoßen.

Auch das Sprechtempo will gelernt sein. Langsames, monotones Sprechen schläfert ein und bei einem zu hohen Tempo besteht die Gefahr, dass Worte verschluckt werden und der Schüler mengenmäßig überfordert wird. Beobachten Sie doch einmal bewusst, wie Sie z. B. im Alltag Ihre Stimme einsetzen. Während des Unterrichts ist man verständlicherweise mehr mit Inhalten beschäftigt und kann deshalb nicht so gut auf sich achten. Aber z. B. bei Gesprächen mit Freunden, Kollegen, Eltern, beim Einkaufen oder Telefonieren lohnt es sich den Focus gelegentlich auf die Stimme zu lenken. Hören Sie darauf, ob Sie wirklich klar und deutlich (ohne klagenden oder gar drohenden Unterton) sagen, was Sie wollen oder ob Sie sich schwammig ausdrücken. Es reicht nicht aus Wünsche und Vorstellungen im Kopf zu haben, diese müssen auch präzise zum Ausdruck gebracht werden. Eine meiner Kolleginnen hat ihren Unterrichtserfolg unter anderem der Tatsache zu verdanken, dass sie ohne Umschweife ihre Anliegen durchsetzt. Dadurch erspart sie sich Umwege und Missverständnisse.

Selbstverständlich können und sollen Sie ihren Sprechapparat auch musikalisch einsetzen. Nicht nur in Form von singen, sondern als Ausdrucksmittel (dazu später mehr). Je nach dem Charakter des Musikstückes färbe ich meine Sprechstimme anders ein. Eine geheimnisvolle Stimmung kann der Schüler besser erfassen und umsetzen, wenn Sie Ihre Anweisung mit gedämpfter Stimme vortragen.

Das Auge isst mit

Hier geht es nicht um kulinarische Genüsse, sondern um die optische Gestaltung des Unterrichtsraumes. Wenn man über kein eigenes Unterrichtszimmer verfügt, sind die Möglichkeiten sich an der Einrichtung zu beteiligen natürlich begrenzt. Trotzdem plädiere ich dafür, so gut es eben geht, dem Unterrichtsraum eine persönliche Note zu verleihen. Räumlichkeiten, die in erster Linie für Wissensvermittlung genutzt werden, sind oft sehr praktisch und nüchtern eingerichtet: ein Klavier, ein paar Stühle und genügend Notenständer. So in etwa sieht ein durchschnittliches Musikschulzimmer aus. Für den Unterricht an sich braucht man nicht viel mehr, zum Wohlfühlen jedoch schon. Ein Musikunterrichtszimmer sollte nicht nur ein Raum sein, in dem ein Instrument gelehrt wird, sondern auch eine Oase. Mit Bildern, Vorhängen, Fotos von Schulkonzerten, Plakaten, Blumen usw. kann je nach Geschmack eine gemütliche Atmosphäre geschaffen werden. Nicht zuletzt im eigenen Interesse. Ein Arbeitsplatz, der eine einladende Atmosphäre verströmt, wirkt einladender als eine neutrale Räumlichkeit. Finden Sie einen Mittelweg zwischen geschmacklos überladen und rein funktional. Zu viel Krimskrams lenkt ab und ein kahler, steriler Raum wirkt kühl und Angst einflößend. In meinem früheren Unterrichtszimmer, das mir von der Schule zur Verfügung gestellt wurde, stand zufällig ein altes Sofa. Ich habe es mit einem passenden Überwurf und ein paar Kissen aufgewertet und davon ausgehend den Raum entsprechend verschönert. Wenn meine Schüler zum Unterricht kamen, steuerten sie sofort auf die Couch zu, ließen sich erschöpft niederplumpsen und erzählten mir erst einmal alles Mögliche aus ihrem schulischen und privaten Alltag, während sie ihre Sachen auspackten. Oft haben sie ihren Blick dabei umherschweifen lassen, um zu sehen, ob ich neue Bilder aufgehängt oder sonst etwas verändert habe. Wie wichtig diese „Insel" für die Schüler war, wurde mir erst richtig bewusst, als ich das Zimmer unfreiwillig räumen musste. Von allen Seiten wurde ich mit Fragen bombardiert, warum ich das Zimmer verließ. Fast alle Schüler sehnten sich nach ihrem musikalischen Zuhause zurück. Die Unterrichtsatmosphäre wird eben auch durch die räumliche Umgebung geprägt. Gerade weil es während der Stoßzeiten oft wie im Taubenschlag zugeht, achte ich stets darauf, dass mein Unterrichtszimmer keine Abfertigungshalle, sondern ein Ort bleibt, der gerne aufgesucht wird.

Der Profi macht nur neue Fehler. Der Dummkopf wiederholt seine Fehler.
Der Faule und der Feige machen keine Fehler.
Oscar Wilde

Erfahrung heißt: lernen aus Fehlern

Es wird viel davon gesprochen, dass langjährige Berufserfahrung eine überaus wichtige Komponente für die hohe Qualität des Unterrichts darstellt. Das stimmt nur dann, wenn die Bereitschaft aufgebracht wird aus seinen Fehlern zu lernen. Schauen Sie sich ehrlich und wohlwollend über die Schulter und analysieren Sie Ihre Vorgehensweise. Es kommt immer mal wieder vor, dass man sich als Lehrer auf einem Irrweg befindet, falsche Anweisungen erteilt, unangemessene Bemerkungen fallen lässt oder unbrauchbare Übungen konstruiert usw. All diese Fehlversuche und erfolglosen Strategien können Sie weiterbringen, sofern Sie etwas daraus lernen. Das ist dann die Unterrichtserfahrung. Überprüfen Sie nach dem Unterricht das Unterrichtsergebnis. Überlegen Sie genau, was Sie beim nächsten Mal anders und besser machen wollen. Von einer kritischen Bestandsaufnahme profitieren Sie letztlich selbst. Das ist auch der Grund, warum ich eine Unterrichtsnachbereitung fast wichtiger finde als die Vorbereitung. Die Analyse einer (verunglückten) Unterrichtsstunde kann ausgesprochen lehrreich sein. Insofern stellt eine gründliche Nachbereitung in gewisser Weise schon die Vorarbeit für die nächste Unterrichtseinheit dar.

Ich habe für mich inzwischen den Spieß umgedreht. Es macht mir Spaß, Unterrichtserkenntnisse zu sammeln und auszuwerten. Gelingt mir während des Unterrichts etwas besonders gut, vermerke ich dies in einem Heft. Geglückte Formulierungen, selbst erfundene Übungen, die sich bewährt haben, bildliche Vergleiche, Vorstellungshilfen, methodische Tricks usw. halte ich schriftlich fest. Ich habe so im Laufe der Jahre viel brauchbares Handwerkszeug angesammelt, auf das ich immer wieder gerne zurückgreife.

Ziehen Sie am Ende eines Unterrichtstages oder einer Unterrichtsstunde für sich Bilanz. Gestehen Sie es sich ein, wenn Sie als Lehrer in einer bestimmten Situation versagt haben. Deswegen ist nicht gleich der ganze Unterricht schlecht. Scheuen Sie sich nicht Rat und Hilfe in Anspruch zu nehmen, falls Sie alleine nicht weiterkommen. Sie können sich beispielsweise mit kompetenten Kollegen austauschen, Fort- und Weiterbildungen besuchen, hospitieren, Fachliteratur studieren usw. Ich habe nach der Hochschulausbildung einen Instrumentaldidaktikkurs in Stuttgart an der Freien Hochschule für Waldorfpädagogik belegt. Wir waren dort eine Art lernende Selbsthilfegruppe für Instrumentallehrer. Der Austausch mit Gleichgesinnten, verbunden mit wertvollen Tipps und methodischen Vorschlägen, war sehr anregend und hilfreich für mich als Berufsanfängerin. Die sorgfältige Betrachtung und Auswertung des eigenen Vorgehens kann zur Erfahrungsgoldgrube werden. Nach und nach gewinnt man Sicherheit und verzweifelt nicht gleich, wenn der Schüler Umsetzungsprobleme hat. Ein Beispiel dafür ist das Erlernen der ersten Töne beim Querflötenspiel. Manchen Anfängern gelingt es trotz intensiver Bemühungen meinerseits nicht einen Ton zu produzieren. Mittlerweile bin ich da sehr gelassen und probiere geduldig mit dem Schüler, bis es klappt.

Zum „Lernen aus Fehlern“ gehört auch, gewisse Anzeichen ernst zu nehmen. Seien Sie sich selbst gegenüber ehrlich, wenn es häufige Beschwerden (von Eltern, Schülern, Vorgesetzten) in Bezug auf Literaturauswahl, Unterrichtsstil, Umgangston usw. gibt. Ich meine damit nicht die Klagen vereinzelter Nervensägen oder Neider, die an allem etwas auszusetzen haben und denen niemand etwas recht machen kann. Es geht um Kritikpunkte, die Ihnen in schöner Regelmäßigkeit immer wieder begegnen. Unzufriedenheiten seitens des Schülers werden häufig verdeckt geäußert und sind dadurch schwerer zu entlarven. Werden Sie hellhörig, wenn Schüler häufig „krank“ sind, zu anderen Lehrern wechseln, mit hängenden Mundwinkeln das Unterrichtszimmer betreten oder nie etwas von sich erzählen. Fragen sie direkt nach, bitten Sie Kollegen Ihres Vertrauens um ein Feedback und lösen Sie Ihre blinden Flecken notfalls mit fachlicher Hilfe auf. Die „Abwehrstrategie“, das heißt der Versuch, jede Kritik von sich zu weisen und immer den Fehler beim Schüler zu suchen, ist ein Schuss, der irgendwann nach hinten losgeht. Sicher ist es menschlich sich zu verteidigen. Wer ändert schon gerne freiwillig seinen Unterrichtsstil? Das Ignorieren des Problems verschlimmert jedoch die Situation. Ein angekratzter Ruf verbreitet sich wie ein Lauffeuer und über kurz oder lang werden Sie weniger zu tun haben als Ihnen lieb ist.

Wem es in der Küche zu heiß ist, der soll nicht Koch werden.

Gehen Sie Risiken ein

Damit ist nicht gemeint, dass Sie Geige unterrichten sollen, obwohl Sie gar nicht Geige spielen können, oder dass Sie Ihrem Schützling ein viel zu schweres Stück für ein Vorspiel geben. So nach dem Motto: Wird schon schief gehen. Nein - ich meine damit, dass Sie als Lehrer das Risiko des Ausprobierens eingehen sollen. Als routinierter Lehrer bewegt man sich während des Unterrichts meistens innerhalb einer sicheren Komfortzone. Gewisse Probleme mit bestimmten Stücken oder Übungen lassen sich oft schon genau voraussagen. Wir reagieren dann auf gewohnte Art und Weise, und wenn es nicht klappt, muss es wohl am Schüler liegen. Ich denke, der Unterricht kann auch interessanter gestaltet werden.

Zu meiner Tätigkeit als Lehrbeauftragte für Fachdidaktik gehört auch das Abnehmen und Bewerten von Prüfungslehrproben. Meist werden mir perfekt durchgeplante und makellos „gestylte“ Unterrichtseinheiten serviert. Ich finde es langweilig, wenn jede Aktion des Lehrers und damit oft auch die zu erwartende Reaktion des Schülers so vorhersehbar wird wie die nächste Grünphase einer Ampelanlage. Die Qualität des Unterrichts hängt nicht von dessen Reibungslosigkeit ab, sondern von der Fähigkeit des Lehrers mit Unvorhergesehenem umzugehen bzw. von dessen Bereitschaft überraschende, unberechenbare Reaktionen überhaupt zuzulassen. Dabei ist es nicht so entscheidend, sofort eine Lösung für jedes Problem parat zu haben. Wichtig ist für mich, dass überhaupt das Bedürfnis entwickelt wird nach außergewöhnlichen Lösungsmöglichkeiten zu suchen. Andernfalls beraubt man sich der Chance, sich als Instrumentalpädagoge weiterzuentwickeln. Ich möchte nicht nach „Schema F“ jahrzehntelang immer dieselbe Literatur auf dieselbe Art und Weise unterrichten. Bei Studenten, die noch wenig Unterrichtserfahrung besitzen, kann ich die Unsicherheit im Umgang mit überraschenden Wendungen im Unterrichtsprozess verstehen. Für einen fortgeschrittenen Lehrer gibt es jedoch außer Bequemlichkeit und Angst vor Neuem keinen Grund sich abseits des „Trampelpfades“ neue Bereiche zu erobern, denn: „Schiffe im Hafen sind sicher, doch dafür sind sie nicht gebaut!“

Wenn ich von Fortbildungen nach Hause komme, habe ich meist viele neue Ideen, die ich dann sofort in der folgenden Woche mit meinen Schülern ausprobiere, obwohl ich durch einen Wochenendkurs beispielsweise in „Bodypercussion“ sicherlich noch keine Expertin auf diesem Gebiet bin. Aber es macht mir Spaß den üblichen Unterrichtsrahmen zu sprengen und neue Dinge zu versuchen, auch wenn es zunächst oder teilweise noch nicht perfekt klappt. Nach und nach werde ich sicherer und traue mich auch an Bereiche heran, die nicht auf meinem Hochschulstundenplan standen. Das gilt, was mich betrifft, vor allem für die Bereiche Tonbildung, Atmung und Körperhaltung. Ungefähr die Hälfte meiner Ton- und Atemübungen habe ich während des Unterrichtens erfunden. Es handelt sich dabei meist um Abwandlungen von Übungen, die ich gelernt habe. Die jeweiligen Schüler sind „Versuchskaninchen“ für meine atemphysiologischen und -didaktischen Forschungen. Würde ich nur Atemübungen verwenden, die ich kenne und 100-prozentig beherrsche, würde ich mich auf diesem Gebiet nie besonders weiterentwickeln. Natürlich sollten Experimente auf einem soliden Fundament stehen. Einem Trompeter kann ich z. B. bezüglich der Atemtechnik, der Körperhaltung und möglicherweise auch musikalisch weiterhelfen. Aber von seinem Ansatz lasse ich die Finger, davon verstehe ich zu wenig.

Apropos Ansatz: Der Flötenansatz ist für mich auch ein Gebiet, das mich zum Ausprobieren animiert. Dabei handelt es sich um die Art und Weise, wie das Instrument am Mund angesetzt wird, einschließlich der Formung der Lippen und des Mundraumes. Trotz Regeln und Orientierungshilfen, die sich bewährt haben, ist der Ansatz etwas sehr Individuelles. Es gibt Schüler mit einem Lehrbuchansatz und schlechtem Ton und umgekehrt. Letztlich muss jeder Bläser-Schüler mit Hilfe seines Lehrers den für sich passenden Ansatz finden. Das Mittel der Wahl heißt Ausprobieren und die Lippenformung sowie die Ansatzstelle so lange zu suchen bzw. zu modifizieren, bis ein akzeptables Klangergebnis herauskommt. Das setzt eine gewisse Risikobereitschaft voraus. Es kann z. B. sein, dass in die falsche Richtung korrigiert wird oder es stellt sich heraus, dass der Ansatz gar nicht das Problem war.

Ich musste am Anfang meines Studiums meinen Ansatz ändern. Zeitweise bekam ich gar keinen Ton mehr aus meiner Flöte heraus, schließlich einen sehr luftigen und irgendwann wurde es dann besser als es jemals zuvor war. Meine damalige Professorin hatte den Mut dieses Experiment zu versuchen und mit mir gemeinsam diese Durststrecke durchzustehen. Allerdings wusste ich, dass sie damit bereits Erfahrung hatte. Außerdem war ihre Vorgehensweise plausibel und viel versprechend.

Aber irgendwann hat sie sicherlich mit diesen Ansatzumstellungen bei Studenten angefangen, dadurch Erfahrungen gesammelt und diese ausgewertet und weiterentwickelt.

Die Begleitung durch einen Lösungsprozess bedeutet sich ein Stück weit in unbekanntes Terrain vorzuwagen. Nur so kann man herausfinden, was in einem steckt. Sobald Sie merken, dass Sie sich zu weit aus dem Fenster gelehnt haben, können Sie immer noch einen Rückzieher machen. Immerhin erfahren Sie auf diese Weise, wo Ihre Grenzen liegen bzw. was Sie sich noch aneignen müssen.

Legen Sie die Karten auf den Tisch

Es ist sinnlos eigene Fehler und Schwächen vor Schülern zu verbergen. Sie können versichert sein, dass der Schüler Sie irgendwann durchschaut und dann erst recht den Respekt verliert. Der Versuch, z. B. Spielfehler zu vertuschen, wird letztlich nach hinten losgehen, weil der Schüler irgendwie diese Täuschung spürt, auch wenn er sie nicht konkret benennen kann. Dadurch verschlechtert sich die Unterrichtsatmosphäre. Wer wirklich souverän ist, hat kein Problem damit sich Fehler einzugestehen. Ein Lehrer, der ständig auf der Hut ist und Angst davor hat, dass der Schüler persönliche oder fachliche Schwachstellen entlarvt, wirkt überheblich und unnahbar. Außerdem zieht der Schüler daraus den Schluss, dass Fehler schlimm sind und diese am besten unter den Teppich gekehrt werden sollten.

Da ich auch nur ein Mensch bin, passiert es mir manchmal, dass ich mich bei einem Duo mit dem Schüler verspiele. Natürlich könnte ich darüber hinweggehen oder so tun, als ob es sich um einen Spielfehler des Schülers handelt; ist der Schüler nicht so begabt, stehen die Chancen gut damit durchzukommen. Das ist jedoch nicht fair. Außerdem hat der Schüler ein Recht darauf zu erfahren, dass auch sein Lehrer nicht unfehlbar ist. Bei größeren „Unfällen", die zu Ihren Lasten gehen, müssen Sie ohnehin Farbe bekennen. Während des Zusammenspiels mit dem Schüler kann es schon einmal passieren, dass dieser durch einen Fehler des Lehrers aus der Bahn geworfen wird, weil vermehrt auf die Stimme des Schülers geachtet wird als auf die eigene. Brechen Sie ab und sagen Sie: „Das war mein Fehler, wir fangen bei Takt xy noch mal an."

Auch beim Fachdidaktikunterricht, den ich für angehende Instrumentallehrer erteile, habe ich die Erfahrung gemacht, dass es besser ankommt, statt über „klinisch reine" Unterrichtsstunden auch über fehlgeschlagene Unterrichtsversuche und die damit verbundenen Erfahrungen zu sprechen.

Manchmal gehe ich sogar so weit, dass ich dem Schüler mitteile, wenn ich mich in einer methodischen Sackgasse befinde. Angenommen, ich arbeite gerade mit einem Schüler am Ton und ich merke, dass eine von mir vorgeschlagene Übung oder eine Vorstellungshilfe nicht funktioniert oder das Problem womöglich noch verschlimmert, dann finde ich es besser, den Prozess abzubrechen und den Schüler darüber zu informieren, dass dies der falsche Weg war und man nun etwas anderes ausprobiert. Beharren Sie in so einem Fall nicht auf Ihrer Vorgehensweise, nur um sich nicht eingestehen zu müssen, dass es die falsche Übung oder der falsche Zeitpunkt dafür war. Ein professioneller Lehrer kann sich erlauben den Schüler über solche methodischen Irrwege aufzuklären. Das Vertrauen zwischen Lehrer und Schüler erhöht sich dadurch eher noch. Ist man dagegen wirklich unsicher, unerfahren oder überfordert, sollte das Sortieren und Klären der eigenen gedanklichen Schlussfolgerungen außerhalb des Unterrichtsrahmens stattfinden.

Pubertät – beraten statt bevormunden

Als mich der Verlag bat, etwas zum Thema „Gruppenunterricht" zu schreiben, beschloss ich, dies in das Kapitel über die Pubertätskrise im Instrumentalunterricht zu integrieren. Ein Hauptargument für den Gruppenunterricht ist nämlich die Tatsache, dass die beteiligten Schüler voneinander lernen. Dies ist vor allem im Alter zwischen 12 und 16 Jahren der Fall, also in der Pubertät. In dieser Phase ist der Schüler nicht mehr Kind, aber auch noch nicht erwachsen. Jugendliche bilden Cliquen, wollen unter ihresgleichen sein und nabeln sich peu à peu von ihren Bezugspersonen ab. Mir wird das immer besonders beim Elternsprechtag deutlich. Den größten Anteil der Besucher bilden Eltern, deren Kinder in der fünften oder sechsten Klasse sind. Ab der siebten Klasse sind viele Schüler schon so selbstständig, dass ein Kontrollbesuch beim Instrumentallehrer nicht mehr so dringend nötig ist. Die Pubertät läuft leider nicht immer reibungslos ab. Im Gegenteil, es muss mit einer Reihe von Machtkämpfen und Diskussionen gerechnet werden. Die Autonomiebestrebungen des Schülers führen z. B. dazu, dass er sich nichts mehr vom Lehrer sagen lässt, schnell beleidigt ist oder gereizt und bockig auf Kritik reagiert. Gefühlsäußerungen werden als peinlich empfunden und alles, was nicht „in" oder „cool" ist, taugt nichts. Je mehr man auf solche Schüler einwirkt, desto verschlossener oder aggressiver werden sie. Dies ändert sich schlagartig, wenn sie einen gleichaltrigen Mitstreiter an ihrer Seite haben. Der geschützte Rahmen inmitten Gleichaltriger macht sie offener und gesprächiger. Allein schon aus diesem Grund ist Gruppenunterricht in der Pubertät wohl am sinnvollsten. Die Schüler unterstützen und helfen sich gegenseitig. Der Lehrer greift ein, wenn es nicht mehr weitergeht.

Für den Anfängerunterricht finde ich Gruppenunterricht, unabhängig vom Alter, nicht so ideal. Das ist angesichts der finanziellen Situation vieler Musikschulen (und Eltern) eine fast schon provokante These. Aber erstens ist es schwierig eine passende Gruppenkonstellation zu bilden, wenn man das Lerntempo der beteiligten Schüler nicht kennt, und zweitens benötigt ein Anfänger die volle Aufmerksamkeit des Lehrers. Die Anfangseuphorie des Schülers lässt sich besser ausnutzen und es kann intensiver an wichtigen Grundlagen des Instrumentalspiels gearbeitet werden; dies geht nun mal im Einzelunterricht am besten. Bei einer Anfängergruppe gibt es in der Praxis für den oder die Begabteren immer Leerläufe, weil das schwächste Glied der Gruppe unterm Strich mehr Lehrerzeit beansprucht und damit „den Betrieb aufhält". Der Lehrer steht unter Druck möglichst alle Schüler gleichzeitig zu beschäftigen und zeitlich gleichwertig zu behandeln. Irgendwann driftet das Niveau dann so weit auseinander, dass auch kein sinnvolles Ensemblespiel mehr möglich ist. Wie soll sich ein Anfänger auf das Zusammenspiel konzentrieren, wenn er noch mit der Instrumentenhaltung, der Tonbildung und/oder der Fingertechnik kämpfen muss? Schneller als einem lieb ist, wird dann beispielsweise aus einem Dreiergruppenunterricht ein Einzelunterricht zu dritt. Spätestens dann muss die Gruppe neu geordnet werden, was z. B. eine Änderung des Stundenplans nach sich zieht. Gruppenbildungen mit Schülern, deren Niveau und Persönlichkeit einem vertraut sind, lassen sich wesentlich leichter und erfolgreicher vornehmen. Da die Zeit des fortgeschrittenen Anfängers meist in die pubertäre oder vorpubertäre Phase fällt, bietet sich der Gruppenunterricht auch dort an.

Hier gibt es nun verschiedene Möglichkeiten, wie z. B. den Gruppenunterricht überwiegend als Ensembleunterricht zu gestalten. Das heißt, es werden hauptsächlich Duos, Trios, Quartette usw. gespielt und zwischendurch Intonations-, Tonleiter- und Dreiklangsübungen, Gruppenimprovisationen und Rhythmusspiele eingestreut. Beim Ensembleunterricht mit Fortgeschrittenen macht es auch nichts aus, wenn die Gruppenmitglieder nicht alle dasselbe Niveau haben. Die Stimmen werden einfach so verteilt, dass die Besseren gefordert und die Schlechteren nicht überfordert sind. Da alle schon etwas können, gibt es immer Mittel und Wege für ein sinnvolles und spaßiges Miteinander. Im Notfall spielt der Lehrer einfach beim „schwächsten Glied" mit oder besetzt Stimmen doppelt. Achten Sie darauf, dass Sie nicht zu viele rhythmisch unsichere Schüler in einem Ensemble vereinigen, sonst gibt es ein Kuddelmuddel. Als Einstiegsliteratur empfiehlt es sich ohnehin Stücke auszuwählen, bei denen mehrere Stimmen über weite Strecken denselben Rhythmus aufweisen. Wie gut ein Schüler seine Stimme eigenständig führen kann, lässt sich beim Kanon-Spiel austesten.

Ziehen Sie beim Ensembleunterricht die Zügel ruhig ein wenig straffer und setzen Sie Ihre Anliegen konsequent durch. Durch den geschützten Rahmen der Gruppe fühlen sich die sonst unsicheren Jugendlichen plötzlich stark und neigen zu Übermut. Zurzeit betreue ich ein „pubertierendes Flötenquartett", das mit Begeisterung zusammen musiziert, obwohl ich im Vergleich zum Einzelunterricht ein richtiger Drache bin.

Das heißt nun nicht, dass Sie immer alles kontrollieren müssen. Halten Sie sich zwischendurch auch mal zurück, wenn Sie merken, dass die Gruppe ihr Problem allein lösen kann. Geht nichts mehr vorwärts, können Sie immer noch eingreifen. Bei kleinen Gruppen (Duos, Trios) bin ich eher im Hintergrund tätig. Fortgeschrittene Schüler, die keinen Kinderstatus mehr haben, sind durchaus in der Lage sich phasenweise selbst zu helfen. Warum sollte ich dieses Bedürfnis nach Selbstständigkeit untergraben? Die kleinen Erwachsenen melden sich schon, wenn sie nicht mehr weiter wissen.

Die andere Möglichkeit ist eine Art Instrumentalunterricht zu zweit, zu dritt oder zu viert. Dies entspricht in etwa dem Klassenunterricht, der an Hochschulen z. B. für das Einstudieren der Orchesterstudien praktiziert wird. Jeder spielt abwechselnd dieselbe Literatur. Während ein Schüler spielt, fungieren die anderen als Lehrer-Assistenten. Die Schüler lernen Verantwortung zu übernehmen, betreuen sich gegenseitig und fühlen sich ernst genommen. Der Lehrer ist eine Art Bergführer, der die Sicherheitsseile überwacht, die Richtung vorgibt und beratend zur Seite steht. Ich habe einige jugendliche Assistenten, auf die ich ein bisschen eifersüchtig bin, weil sie einen größeren Einfluss auf ihre Mitschüler haben als ich. Jugendliche können Kritik von ihresgleichen viel besser annehmen als vom Lehrer[7]. Die schlechteren Schüler orientieren sich nach oben und suchen sich als Vorbild nicht unbedingt den Lehrer aus; dieser Machtverlust muss akzeptiert werden. Die Zeiten der Idealisierung, Anhimmelung und Vergötterung der Lehrperson sind jenseits des Grundschulalters dünn gesät. Ein Pubertierender muss in gewisser Weise die Weisheiten des Lehrers anzweifeln oder sogar ablehnen, um ein neues psychisches Gleichgewicht auf einer höheren Entwicklungsstufe zu finden. In dieser schwierigen Phase sollte man dem Schüler Respekt zollen und ihn wie einen Erwachsenen behandeln, obwohl noch kindliche Anteile vorhanden sind. Als Trost kann ich Ihnen versichern, dass viele widerspenstige Schüler im Grunde doch der Lehrperson glauben, sie würden es bloß niemals zugeben. Sie protestieren um des Protestierens willen. Man merkt dies daran, dass solche Schüler im Unterricht mit jeder Faser ihres Körpers Ablehnung signalisieren und insgeheim doch alles so üben, wie der Lehrer es ihnen „verordnet" hat.

[7] Aus diesem Grund setze ich manchmal ältere fortgeschrittene, verantwortungsbewusste Schüler als Nachhilfelehrer für langsam lernende Kinder ein. So lernt der „Lehrer-Schüler" die Lehrerperspektive kennen und der Nachhilfeschüler kann sich an einem Vorbild orientieren, das aus den eigenen Reihen stammt. Dies entspricht in etwa dem Verhältnis, das ältere und jüngere Geschwister zueinander haben.

Eine weitere Variante, die ich sehr oft praktiziere, ist eine Mischung aus Einzel- und Gruppenunterricht. Die Gruppenmitglieder erhalten nacheinander Einzelunterricht und spielen zwischendurch miteinander Ensembleliteratur. Auch hier lernen die Schüler viel voneinander. Den oder die besser spielenden Schüler lasse ich oft beim schwächsten Schüler als Unterstützung mitspielen; umgekehrt fordere ich schwächere Schüler heraus, indem ich sie von der anspruchsvolleren Literatur ihrer Mitschüler kosten lasse. Gruppenunterricht, in welcher Form auch immer, funktioniert natürlich dann am besten, wenn sich die Mitglieder untereinander gut verstehen. Kombinieren Sie einen oder mehrere Vorbild-Schüler mit schwächeren Schülern. In meinem Unterricht ist die Gruppenbildung kein allzu großes Problem, weil meine Schüler bereits klassenweise sortiert und meist untereinander befreundet sind. Da sich Schüler, die keinen Draht zueinander haben, schlimmstenfalls demotivieren oder gegenseitig blockieren, sollten Sie sehr genau abwägen, wie Sie Ihre Gruppen zusammenstellen.

Was tun bei „hoffnungslosen" Fällen?

Musikalisch wenig begabte oder instrumentenspezifisch unbegabte Schüler zu unterrichten ist eine undankbare Aufgabe. Im Extremfall kämpft man jahrelang vergeblich um brauchbare Ergebnisse. Ich unterrichte an einem Musischen Gymnasium als Instrumentallehrerin. Die meisten Schüler sind Gott sei Dank zumindest so talentiert, dass sich die musische Förderung sowohl aus subjektiven als auch aus objektiven Gesichtspunkten lohnt. Aber es kommen immer wieder Kinder, die offensichtlich den falschen Ausbildungszweig gewählt haben und ein Gymnasium mit einem anderen Schwerpunkt besuchen sollten. Ich hatte schon Elftklässler im Unterricht, die schlechter spielten als so mancher Sechstklässler. Als Musikschullehrer hat man immerhin noch die Chance, zusammen mit den Eltern eine Lösung zu suchen oder das Unterrichtsverhältnis notfalls zu beenden. Das Gleiche gilt für Privatlehrer, die sich erlauben können ungeeignetes Klientel abzulehnen bzw. nicht weiter zu unterrichten. Hier spielen natürlich auch finanzielle Erwägungen eine Rolle.

Unsere Einflussmöglichkeiten als Lehrkraft sind bei minderbegabten Schülern begrenzt. Wohlgemerkt, ich spreche von Schülern, die an allen Ecken und Enden überfordert sind. Wo soll man da anfangen, wenn der Ton schlecht klingt, so gut wie kein Rhythmusgefühl vorhanden ist und zu allem Überfluss auch noch das Notenlesen und Tönegreifen (Auge-Hand-Koordination) schwer fällt? Lege ich als Messlatte eine mittelmäßige, dem Alter entsprechende Begabung zugrunde, kann ich nur sagen, dass diese sog. Unbegabten davon so weit entfernt sind wie die Erde von der Sonne. In vielen Fällen ist deshalb lediglich Schadensbegrenzung möglich. Eine für unsere Ohren halbwegs zufrieden stellende Interpretation kann man hier nicht erwarten. Ich habe mich in der Vergangenheit gerade bei solchen Schülern oft aufgerieben und alle denkbar möglichen Methoden und Maßnahmen ergriffen, um wenigstens ein halbwegs passables Resultat zu erzielen, aber einem Fisch kann man nun mal nicht das Fahrradfahren beibringen. Diese Erkenntnis ist eine Erleichterung, keine Enttäuschung. Ein Schüler verändert, verbessert und entwickelt sich letztlich aus sich selbst heraus, weil er will und kann und nicht, weil der Lehrer es wünscht.

Wie geht man nun als Lehrer damit um? Es kommt darauf an, ob der Schüler unter seinem schlechten Niveau leidet oder nicht. Zu den ersteren sage ich, dass sie entweder ihren Stand und ihre begrenzten Chancen wohlwollend akzeptieren oder dass sie aufhören oder evtl. das Instrument wechseln müssen. Das ist keine Kapitulation, sondern eine ehrliche Sache; die Lage entspannt sich. Der Schüler ist dann mit seinen kleinen Schritten im Rahmen seiner Möglichkeiten zufrieden und der Lehrer hört auf, ihn zu einem guten Instrumentalisten ausbilden zu wollen. Dieser Weg ist vor allem dann sinnvoll, wenn der Schüler trotz seiner Schwierigkeiten unbedingt am Ball bleiben möchte. Eventuell kommt doch noch ein rundes Ergebnis heraus, aber es kann auch passieren, dass der Schüler trotzdem kapituliert, weil er die Unausgewogenheit von Einsatz und Ergebnis nicht mehr akzeptieren will. Ich habe beides schon erlebt. Der zweite Fall ist schwieriger. Wenn der Schüler davon ausgeht, dass er gut und schön spielt, es für unsere Ohren jedoch eine Katastrophe darstellt, liegt sozusagen die Beweispflicht auf unserer Seite. Damit befinden wir uns in einer Zwickmühle. Wie kann man dem Schüler helfen ohne ihn zu demotivieren? Ich schalte bei solchen Schülern immer auf „Musiktherapie" um. Dabei fühle ich mich dann nicht mehr als Querflötenlehrerin und schon gar nicht als Künstlerin, eher als musikalische Sonderpädagogin. Ich will damit nicht die Schüler abwerten, sondern verdeutlichen, dass die Herangehensweise in solchen Fällen eine völlig andere ist, weil technische und musikalische Ansprüche drastisch heruntergeschraubt werden müssen. Der Erfolg wird hier anders definiert. Manchmal muss dann eben mit 14-Jährigen eine Art musikalische Nacherziehung, eingebunden in eine Instrumentalstunde, absolviert werden. Es müssen Schritte nachgeholt werden, die der Schüler vor zehn Jahren hätte erlernen müssen. Dazu gehören z. B. Singen (einfachste Tonfolgen), rhythmische Grundübungen, Koordinationsleistungen usw. Diese Arbeit ist für den Lehrer keineswegs leichter. Im Gegenteil, es handelt sich dabei meistens um Dinge, für die wir Instrumentallehrer nicht ausreichend ausgebildet sind. Solche Schüler müssten eigentlich erst einmal musikalische Basiserfahrungen in einer Gruppe sammeln, bevor sie zu einem komplizierten Tasten-, Blas-, Streich- oder Zupfinstrument greifen. Halten wir mit solchen Schülern einen „normalen" Instrumentalunterricht ab, nehmen wir permanent den zweiten Schritt dem ersten vorweg. Das überfordert diese Schüler so sehr, dass sie nicht einmal merken, wenn offensichtliche Fehler (z. B. falsche Töne bei einfachen, tonalen Melodien) auftauchen. Es leuchtet ein, dass für solche Schüler unendlich viel Geduld, Zeit und gute Nerven aufgebracht werden müssen. Besonders frustrierend ist die Tatsache, dass das eigene Üben dieser Schüler nur wenig bringt, weil sie nicht in der Lage sind sich selbst zu helfen. Das Problembewusstsein (aufgrund des ungeschulten Gehörs) und damit die Ansatzstelle fehlen schlichtweg. Mir tut es Leid, wenn Schüler sich sehr anstrengen und dennoch nicht viel dabei herauskommt. Manchmal reicht es schon aus, einfach Verständnis aufzubringen, indem man minimale Fortschritte anerkennt.

Nun bin ich wirklich die Letzte, die einen Schüler frühzeitig aufgibt, aber oft bleibt einem nichts anderes übrig, als den unbefriedigenden Status quo zu akzeptieren statt sich permanent an aussichtslosen Fällen die Zähne auszubeißen. Meiner Meinung nach sind musikalisch unerfahrene Kinder und Jugendliche in einer Rhythmik-, Tanz- oder Musiktheater-Gruppe oder in einem Chor besser aufgehoben. Hier können sie sich ohne Leistungsdruck inmitten Gleichgesinnter auf ihrem jeweiligen Niveau kreativ entfalten und musikalische Erfahrung sammeln, da der Leistungs- und Erfolgsgedanke dort nicht unbedingt an vorderster Stelle steht.

Zum Schluss möchte ich noch anmerken, wie unendlich wichtig es ist, musikalisch unbegabte Schüler für andere Dinge, die sie gut können (z. B. sportliche Leistungen, schauspielerische Talente etc.) zu loben, damit partielle Unfähigkeiten nicht generalisiert werden. Dies gilt besonders für Fertigkeiten, die man selbst nicht beherrscht. Ein Schüler hört es gern, wenn der Lehrer zugibt, dass auch er etwas nicht kann oder weiß.

Wettbewerbe und öffentliche Auftritte

Grundsätzlich gilt, dass man nur diejenigen Schüler öffentlich auftreten lassen sollte, die es auch selber wollen. Fühlt sich ein Schüler unsicher oder hat er Selbstzweifel, ermutigt man ihn und sucht ein Stück aus, das er gut bewältigen kann. Manchmal müssen Angsthasen angestupst und auf die Bühne geschickt werden. Auch sie sollen lernen mit Auftrittssituationen und dem damit verbunden Lampenfieber fertig zu werden. Bei Vorspielen erhält der Schüler Gelegenheit über sich selbst hinauszuwachsen. Es ist jedoch unverantwortlich, jemanden zu öffentlichen Auftritten und Wettbewerben zu zwingen, selbst wenn er gut spielen kann.

Manchmal habe ich mich schon dabei ertappt, wie ich begabte Kinder unbedingt fördern wollte, weil ich selbst als Heranwachsende wenig Unterstützung von Lehrern erfahren habe. Ich denke gerade an ein sehr begabtes Mädchen, das ich vor vielen Jahren unterrichtet hatte. Weil sie so schnell und gut umsetzen konnte, habe ich viel zu viel von ihr abverlangt und in meinem Eifer völlig übersehen, dass sie keine Super-Flötistin werden, sondern einfach ein schönes Hobby betreiben wollte. Viel zu spät erkannte ich, dass ich einen Gang zurückschalten hätte müssen, um dem Kind diesen Freizeitstress zu ersparen. Sie hat dann nach drei Jahren aufgehört, was mir sehr Leid tat.

Es ist auch nicht fair, Schüler für das, was wir nicht erreichen konnten, zu benutzen. Haben wir keine ersten Preise bei „Jugend musiziert“ eingeheimst, dann soll es gefälligst der Schüler schaffen. Es werden eigene Defizite auf dem Rücken der Schüler ausgetragen. Nach außen hin sieht es freilich anders aus: Der Schüler gewinnt ja den Preis. Ich habe jedoch oft den Eindruck, dass die Platzierung für den Lehrer (und für die Eltern) wichtiger ist als für den Teilnehmer selbst. Leider bin ich des Öfteren Zeuge bei Wettbewerben gewesen, wie völlig verschüchterte, unsichere Kinder ihr Stückchen mit einem dünnen Zitterton und Angstschweiß hinter sich bringen mussten, nur um das Ego des Lehrers zu befriedigen. Es spricht natürlich nichts dagegen Schüler entsprechend ihrem Talent zu fördern und stolz auf den Erfolg zu sein. Aber man sollte sich immer wieder fragen, ob das eigene Handeln zum Wohl des Schülers ist oder ob man sich auf Kosten der Schüler profilieren will. Das ist eine Gratwanderung, bei der man sich zumindest eingestehen sollte, dass eine Hand die andere wäscht.

Selbstverständlich gibt es Schüler, die sehr gerne auftreten bzw. sich gerne mit anderen messen. Solche auftrittsfreudige Podiumstypen sollen natürlich nicht daran gehindert werden ihre Lorbeeren zu ernten. Ich erinnere mich an eine gute Schülerin, die unbedingt Wettbewerbe spielen wollte. Sie brauchte diese Ziele, um sich zu motivieren. Jedes Mal trat sie sehr selbstbewusst auf und hat die Anerkennung sehr genossen. Dadurch ist sie über sich selbst hinausgewachsen und hat sich weiterentwickelt. Ich würde sie jederzeit wieder ins Rennen schicken.

Es versteht sich von selbst, dass für Vorspiele Stücke ausgewählt werden, die zum Schüler passen und die Stärken des jeweiligen Schülers zur Geltung bringen. Insbesondere für Wettbewerbe gilt, dass mit der Vorbereitung dafür unbedingt rechtzeitig begonnen wird, sodass die Stücke noch „ruhen“, d. h. sich absetzten können, bevor sie vorgetragen werden. Bedenken Sie, dass Kinder und Jugendliche, sofern es sich nicht gerade um Wunderkinder handelt, anspruchsvolle Wettbewerbsliteratur nicht mal eben so in vierzehn Tagen einstudieren können. Gut Ding braucht Weile. Das allmähliche Hineinwachsen in die Stücke und das Feilen an den Details kann selbst von Begabten nicht im Zeitraffer erledigt werden. Ich weiß, wovon ich spreche: Gerade habe ich einigen dreizehn- bis fünfzehnjährigen

Jugendlichen vier Monate lang einen schnellen Satz einer Bach-Sonate, einen langsamen Satz aus einem Stamitz-Konzert und ein Werk des 20. Jahrhunderts für „Jugend musiziert" „löffelweise verabreicht".

Machen Sie dem Schüler klar, dass eine Wettbewerbsvorbereitung kein Zuckerschlecken ist, sondern eine Menge Arbeit bedeutet. Der Schüler sollte gefordert, jedoch nicht überfordert werden. Nichts ist schlimmer für die Selbstsicherheit als ein möglicherweise sogar erster verpatzter Auftritt. Es gibt Schüler, die eine misslungene Leistung wegstecken und relativ leicht damit umgehen können, aber Schüler mit ohnehin geringem Selbstwertgefühl weigern sich möglicherweise, jemals wieder vorzuspielen. Es ist wichtig sich dieser Verantwortung bewusst zu sein.

Gerade in diesem Bereich spielt die Vorbildfunktion des Lehrers eine große Rolle. Wenn der Lehrer selbst nicht öffentlich spielt und sich Konzertsituationen stellt, kann man nicht erwarten, dass der Schüler sich „todesmutig" ins Vorspiel stürzt. Ein Schüler spürt, ob man selbst mit Vorspielsituationen vertraut ist.

Lehrerwechsel

Wenn Sie einen Schüler von einem anderen Lehrer übernehmen, kommt es sehr darauf an, ob der Wechsel freiwillig oder unfreiwillig vonstatten ging. Will der Schüler von sich aus zu Ihnen, haben Sie nicht viel zu befürchten, vor allem dann nicht, wenn der Schüler mit seinem bisherigen Lehrer unzufrieden war. Der Schüler ist offen und neugierig und hofft, dass sich nun alles zum Besseren wendet. Diese Hoffnung sollte nicht enttäuscht werden.

Erfolgt der Wechsel gezwungenermaßen, z. B. weil der Lehrer wegzieht, erkrankt oder selber erkennt, dass sein Schützling einen anderen Lehrer braucht, sieht die Sache schon anders aus. Nach meiner Erfahrung nehmen vor allem Kinder einen unfreiwilligen Lehrerwechsel nicht so leicht hin. Sie sind misstrauischer als Anfänger, die neu bei mir starten. Als Folgelehrer werde ich kritisch begutachtet und fassungslos angestarrt, sobald ich andere Ansichten vertrete als mein Vorgänger. Es dauert dann manchmal über ein Jahr, bis sich der Schüler an mich und meine Art zu unterrichten gewöhnt hat. Kinder im Grundschulalter haben eine sehr persönliche Beziehung zu ihrem ersten Lehrer und sind einem Neuling gegenüber erst einmal skeptisch. Der Verlust einer Bezugsperson schmerzt sie. Beim Vergleich mit dem „heiß geliebten" Vorgänger schneidet selbst ein objektiv besser unterrichtender Lehrer schlecht(er) ab.

An solche Schüler, die sozusagen notgedrungen bei Ihnen landen, sollten Sie sich behutsam herantasten. Auch wenn viel im Argen liegt und Ihnen sofort tausend Dinge durch den Kopf gehen, die Sie verbessern und verändern wollen, ist es ratsam, neue Schüler erst einmal viel zu loben für das, was sie schon können, damit sie das Gefühl bekommen, auf dem richtigen Weg zu sein. Manchmal muss dabei auch ein wenig geflunkert werden, bis sich die Lehrer-Schüler-Beziehung stabilisiert hat. Danach kann man dann peu à peu mit der Wahrheit herausrücken und effektiv arbeiten. Ich empfehle meist den Eltern, das Kind noch beim ehemaligen Lehrer zu lassen, sofern dies möglich ist. Anfangs dachte ich: Ein Schüler kann doch nicht „zwei Herren dienen". Inzwischen hat mich die Erfahrung eines Besseren belehrt. Darf der Schüler noch beim alten Lehrer bleiben, wird der Ablösungsprozess um einiges erleichtert. Es kommt erstaunlich selten vor, dass das Kind durch Widersprüchlichkeiten verunsichert wird. Vertreten die beteiligten Lehrer gegensätzliche technische und/oder musikalische Ansichten, hat sowieso der erste Lehrer die besseren Karten. Der Schüler vertraut eher dem Altbewährten, als dass er sich neue Möglichkeiten aneignet. Diese Übergangsphase des „Fremdelns" muss man überstehen und aushalten. Inzwischen bin ich auch ganz froh, wenn der Schüler noch an meinem Vorgänger hängt. Die Kollegen sind meist sehr kooperativ und üben mit dem Schüler die Stücke ein, die ich aufgebe. Der vertraute Lehrer hat sozusagen eine Art Mit- bzw. Nachhilfefunktion und dies entlastet mich letztlich. Fast alle Schüler, die nicht ganz freiwillig zu mir wechselten, sind schließlich doch irgendwann ganz bei mir geblieben. Nur in einem Fall ging die Schülerin wieder zu ihrem vorigen Lehrer zurück. Als dieser dann wegzog, kam sie wieder zu mir und es war kein Problem.

Sind Sie der abgebende Lehrer, müssen Sie loslassen. Verweisen Sie Schüler an kompetente Kollegen, wenn Sie nicht (mehr) „der Richtige" sind. Einen guten, fortgeschrittenen Schüler in andere Hände zu geben ist nicht immer einfach. Es bedeutet ein Stück Machtverlust. Aber selbst der talentierteste und vielseitigste Lehrer kann nicht alle Bereiche abdecken. Braucht ein Schüler neue Impulse oder andere Schwerpunkte, ist es Zeit Abschied zu nehmen. Ich bin heute meiner ersten Lehrerin noch dankbar dafür, dass sie mich rechtzeitig „weitergereicht" hat.

Masse statt Klasse?

Bedauerlicherweise büßt der musikalische Einzel- bzw. Gruppenunterricht insofern an Qualität ein, als dass ein Instrumentallehrer möglichst viele Schüler in zu knapper Zeit unterrichten soll. Die letzten zwölf Jahre habe ich zwischen 40 und 50 Schüler pro Woche, verteilt auf 20 -27 Stunden, unterrichtet. Instrumentallehrer, die als Vollzeitlehrer an einer Musikschule arbeiten, unterrichten nicht selten bis zu 60 (!) Schüler pro Woche. Wie soll man da noch den Überblick behalten? Obwohl ich mich sehr darum bemühe meine Energie möglichst gleichmäßig auf alle Schüler zu verteilen, schaffe ich es bei einem derartigen „Massenbetrieb" nicht, auf jeden so intensiv einzugehen wie ich das gerne möchte. Was mich stresst, ist nicht der Stundenumfang, sondern die Anzahl der Schüler. In jeder Stunde gibt es eine Warmlaufphase, eine Hauptphase und einen Abspann. Diese drei Phasen müssen bei mir aus Zeitgründen (mir stehen pro Schüler rein rechnerisch 22,5 Min. zur Verfügung, wegen „Reibungsverlusten" beim Stundenwechsel sind es jedoch tatsächlich weniger) manchmal so schnell ablaufen, dass ich das Gefühl habe, jemand hat auf die „Vorspultaste" gedrückt. Erteile ich Privatunterricht, muss ich mich regelrecht runterbremsen, weil ich plötzlich viel mehr Zeit habe. Nun ja, wenigstens habe ich dabei gelernt in weniger Zeit möglichst viel zu bewirken. Man konzentriert sich aufs Wesentliche und der Schüler muss nicht so viel üben, weil man in dieser kurzen Zeit keine großen Sprünge machen kann. Der gravierende Nachteil ist natürlich, dass es unendlich lang dauert, bis sich deutliche Fortschritte abzeichnen. An Musikschulen ist es üblich für Einzelunterricht wenigstens 30 Minuten anzusetzen und das ist schon recht knapp bemessen. Für fortgeschrittene Schüler benötigt man auf jeden Fall 45 Minuten. Ich verfahre inzwischen so, dass ich am Wochenanfang (montags und dienstags) möglichst viele Schüler unterrichte und zum Wochenende hin, wenn die Kräfte langsam nachlassen, etwas ausdünne. Falls es möglich ist (z. B. bei Randstunden), überziehe ich freiwillig die Unterrichtszeit. Lieber schenke ich dem Schüler fünf oder zehn Minuten, als dass ich dauernd unter Hochdruck arbeite. Kürzungen und Sparmaßnahmen im kulturellen Bereich sind heutzutage leider an der Tagesordnung. Dagegen kann ein Einzelner nur wenig ausrichten. Machen wir das Beste daraus!

Aufhören, wenn's am schönsten klingt

Vor Jahren besuchte ich einmal einen Flöten-Meisterkurs bei Peter-Lukas Graf in München. Während des Kurses erzählte er uns eine Episode, die er mit einem hochbegabten Studenten, ebenfalls im Rahmen eines Kurses, erlebt hat. Ein junger, sehr talentierter Flötist, der mittlerweile Soloflötist in einem deutschen Spitzenorchester ist, hat ihm ein klassisches Flötenkonzert vorgespielt. Alle Teilnehmer warteten gespannt, was der Meister nun zu so einem „Überflieger" sagen würde. Peter-Lukas Graf tat das einzig Richtige. Er hielt sich zurück und meinte nur: Es gibt nichts zu sagen. Der Schüler hat das Stück, seinem Alter entsprechend, wunderbar gespielt. Warum also künstlich Steine in den Weg legen? Es gibt einen Punkt beim Unterrichten, an dem der Lehrer aufhören muss, Verbesserungsvorschläge zu machen, auch wenn diese vielleicht berechtigt sind. Das gilt hauptsächlich für den Unterricht mit fortgeschrittenen, begabten Schülern. Wird die Verbesserungsgrenze überschritten, verschlechtert sich das Resultat womöglich, weil der Schüler seine Natürlichkeit und Unbefangenheit verliert. Ein gelungener Unterricht ist wie eine Gewürzkomposition: Wird eine Geschmacksrichtung im Eifer des Gefechts überbetont, leidet der Geschmack insgesamt. Die Dosierung und das Gespür dafür, wann es für den Moment genug ist, sind eine Kunst. Ich erinnere mich dabei an eine talentierte Flötenschülerin, die ich jahrelang unterrichtete. Wir haben zusammen an einer Sonate von Françoise Devienne gearbeitet. Sie spielte gut, aber ich wollte ausdrucksmäßig noch mehr aus ihr herausholen. Das Resultat war dann, dass das Stück zusehends schlechter wurde, weil sie sich zu sehr bemüht hatte noch besser zu spielen. Es hätte natürlich sein können, dass es ihr langfristig doch noch gelungen wäre meine Verbesserungswünsche zu integrieren. Die Frage war jedoch, ob das überhaupt sinnvoll gewesen wäre. Ich hatte das Gefühl, dass ich ihr etwas aufschwatzte, was nicht ihres ist. Und das ist genau der Punkt: Ein erwachsener, fortgeschrittener, begabter Schüler mit einem guten technischen Fundament findet seinen eigenen Weg. Wenn wir den Schüler zu sehr in unsere Richtung drängen und noch mehr Perfektion abverlangen, besteht die Gefahr, dass sich der Schüler verkrampft und das „Noch-besser-machen-Wollen" genau das Gegenteil bewirkt. Es hat dann mehr Sinn ein neues Stück mit einer größeren Herausforderung zu erarbeiten. Also, hören Sie auf zu kritisieren, wenn's am schönsten klingt.

Der Schüler im Instrumentalunterricht

Jedem das Seine – instrumentenspezifische Begabungen

Der Unterrichtserfolg ist fraglich, wenn die Eltern das Instrument für ihr Kind bestimmen. Oft erfüllen sich Eltern ihren eigenen Instrumentalwunsch über das Kind. Der Junge muss sich dann mit seiner Gitarre arrangieren, obwohl er beispielsweise lieber Saxophon lernen würde. Vor allem schüchterne, wenig entscheidungsfreudige Kinder sind in dieser Richtung leicht manipulierbar. Manchmal muss ein Kind auch Klavierspielen lernen, weil zufälligerweise zu Hause ein vererbtes Klavier vorhanden ist. Ich habe als Kind mit Klarinette angefangen, weil wir zu Hause eine übrig hatten und mein Vater keine Lust hatte Geld für eine Querflöte auszugeben. Ein halbes Jahr habe ich durchgehalten, dann kapitulierte mein Vater und kaufte mir das gewünschte Instrument.

Man muss auch bedenken, dass der Einfluss, den gleichaltrige Freunde auf Schüler ausüben, enorm sein kann. Ich habe etliche Flötenschülerinnen, die ganz einfach deshalb Flöte lernen wollten, weil die Freundin auch Flöte spielt. Da gilt es geduldig und behutsam herauszufinden, was der betreffende Schüler wirklich will. Viele Schüler suchen sich ihr Instrument seltsamerweise nicht unbedingt nach dem Klang aus, sondern nach dem Aussehen. Eine lange, silberne Querflöte übt beispielsweise eine große optische Anziehungskraft aus.

Es kann aber auch sein, dass ein Schüler sich das Instrument zwar selber wünscht und aussucht, aber es nicht zu ihm passt. Der Schüler möchte gerne Trompete spielen, aber es liegt ihm einfach nicht. Ich kann mich noch gut an eine Schülerin erinnern, die ich jahrelang auf der Querflöte unterrichtet habe. Sie war fingertechnisch sehr fit, aber ihr fehlte einfach das Gefühl für den Ton. Sie hatte große Schwierigkeiten einen konstanten Blasdruck aufzubauen, obwohl der Ton an sich nicht schlecht war. Alle meine Bemühungen, mit Atem- Stütz- oder Tonvorstellungsübungen zu helfen, scheiterten. Wir kamen auf die Idee parallel zum Querflötenunterricht mit dem Klavierspielen anzufangen, weil ich den Eindruck hatte, dass ihr das besser liegen könnte. Und was passierte? Sie kam schnell vorwärts und es machte ihr sehr viel Spaß. Ich habe sie dann an eine gute Klavierlehrerin verwiesen, bei der sie inzwischen auf hohem Niveau spielt. Einen ähnlichen Fall hatte ich einmal beim Wechsel von Querflöte zu Oboe erlebt. Außerdem kann ich einige Fälle verbuchen, bei denen die Schüler von einem anderen Instrument zu Querflöte wechselten und damit sehr glücklich und erfolgreich wurden.

Wenn ein Schüler nicht weiß, was er für ein Instrument spielen will, muss er es ausprobieren. An vielen Musikschulen ist es mittlerweile möglich, im Rahmen eines Probeunterrichts mehrere Instrumente auszutesten. Musikfachgeschäfte bieten einen sog. Mietkauf an, d. h., das Instrument wird vorübergehend ausgeliehen und die monatliche Gebühr wird beim endgültigen Kauf angerechnet. Oftmals stellt es sich aber erst viel später, nach ca. zwei bis drei Jahren, heraus, dass das instrumentenspezifische Talent nicht vorhanden ist. Aber selbst ein späterer Instrumentenwechsel ist immer noch besser als eine Quälerei auf einem unpassenden Instrument. Viele grundsätzliche Dinge bezüglich Rhythmus, Phrasenbildung, Auge-Hand-Koordination, die der Schüler schon mit dem „falschen" Instrument gelernt hat, kann er auch auf das neue übertragen. Die investierte Zeit ist also nicht ganz umsonst. Besser spät als nie!

Eine Frage des Temperaments

Wer in seinem Beruf mit Menschen arbeitet, weiß, welche unterschiedlichen Ausprägungen die menschliche Persönlichkeit hat. Obwohl jeder Schüler über unterschiedliche Eigenschaften, Fähigkeiten und Möglichkeiten verfügt, gibt es doch auch immer wieder Gemeinsamkeiten und Ähnlichkeiten, die man beim Unterricht entdecken und berücksichtigen kann. Die Persönlichkeitspsychologie spricht in diesem Zusammenhang von typischen Verhaltensweisen bzw. Persönlichkeitsmerkmalen. Der Charakter einer Person ist beispielsweise u. a. von deren Temperament abhängig.

Ein Temperament ist eine biologisch gegebene typische Reaktionsweise. Es zeigt sich schon bei oder kurz nach der Geburt und äußert sich vor allem in der Emotionalität und im Aktivitätsniveau. Manche Neugeborene sind beispielsweise erregbar und aktiv, andere zeigen ein ruhiges und passives Temperament.[8]

Die Einteilung in eher introvertierte und eher extrovertierte Persönlichkeiten ist z. B. eine Möglichkeit der Kategorisierung. Sehr nachdenkliche, in sich gekehrte und zurückhaltende Personen werden als introvertiert eingestuft; impulsive, kontaktfreudige, kraftvoll nach außen agierende Menschen als extrovertiert bezeichnet.

Die Ärztin Charlotte Hagena stellt in ihrem Buch „Konstitution und Bipolarität" zwei Persönlichkeitstypen vor, die sich hauptsächlich aufgrund von körperlichen Merkmalen unterscheiden. Der Körperbau, die Haltung und die Lebensgewohnheiten des sog. lunaren Bewegungstypen sind anders als die des sog. solaren, statischen Typen. Da sie bei ihren typgerechten Behandlungsansätzen auch die Atmung berücksichtigt, wurde das Interesse schnell bei Musikern geweckt. Daher hat sich die typenpolare Atemlehre in den letzten Jahren vor allem bei Sängern und Bläsern sehr verbreitet.

Die indische Heilslehre Ayurveda unterscheidet drei Konstitutionstypen: Vatha, Kapha und Pita, denen entsprechende Ernährungsweisen und therapeutische Anwendungen zugeordnet werden.

In der Pädagogik hat Rudolf Steiner in seinem Buch „Das Geheimnis der menschlichen Temperamente" die vier Persönlichkeitstypen Sanguiniker, Melancholiker, Choleriker und Phlegmatiker ausführlich beschrieben und daraus Schlussfolgerungen für den Unterricht gezogen.

Im folgenden Kapitel geht es um diese bereits im fünften Jahrhundert v. Chr. entstandene Temperamentenlehre und deren Bedeutung für den Instrumentalunterricht.

Schon der griechische Arzt Hippokrates stellte die Theorie auf, dass der Körper vier Flüssigkeiten (humores) enthält, von denen jede mit einem bestimmten Temperament zusammenhängt. Die Persönlichkeit eines Individuums hängt davon ab, welche dieser vier Körperflüssigkeiten vorherrscht. Körperflüssigkeiten und Temperamente hängen wie folgt zusammen:
- Blut = sanguinisches Temperament, heiter und aktiv
- Phlegma (Schleim) = phlegmatisches Temperament, teilnahmslos und schwerfällig
- Schwarze Gallenflüssigkeit = melancholisches Temperament, traurig und grüblerisch
- Gelbe Gallenflüssigkeit = cholerisches Temperament, reizbar und erregbar[9]

[8] *Zimbardo, Philipp G.:* Psychologie. Springer Verlag, Berlin, Heidelberg, 1992. S. 399.
[9] *Zimbardo, Philipp G.:* Psychologie. Springer Verlag, Berlin, Heidelberg, 1992. S. 400.

Die nachfolgenden Ausführungen beschäftigen sich nicht mit Körperflüssigkeiten, sondern mit dem praktischen Nutzen der Temperamentenlehre für den Instrumentalunterricht. Es werden die Stärken und Schwächen des jeweiligen Temperaments und die entsprechende Behandlung im Unterricht erläutert. Die Persönlichkeit eines Menschen spiegelt sich insbesondere auch beim Musizieren wider. Vor allem im Individual- und Kleingruppenunterricht erhalten Kinder die Chance, sich entsprechend ihren Neigungen und Besonderheiten zu entfalten.

Grundsätzlich geht es keineswegs darum, die anvertrauten Schüler in Schubladen zu stecken und streng nach Temperament zu unterscheiden, zu sortieren und zu unterrichten. Jeder Mensch ist einzigartig. Dennoch lassen sich bestimmte typische Eigenschaften und Verhaltensweisen nicht leugnen. Auch bei einem eher schwach ausgeprägten Temperament kristallisieren sich bei näherem Hinsehen bestimmte Tendenzen heraus. *Der Vorteil einer Typologie ist, dass man mit ihr den Kern schnell erfasst und praktische Schlüsse daraus ziehen kann.*[10] Es kann für uns Lehrer entlastend sein, über die verschiedenen Temperamente und deren Erscheinungsformen Bescheid zu wissen, einfach deshalb, weil man nicht nur bestimmte Verhaltens- und Reaktionsweisen der Schüler, sondern auch deren musikalische Ausdrucksgestaltung und die Art der technischen Umsetzung besser verstehen und einordnen kann. Die Temperamentenlehre unterstützt uns Lehrer bei der Beantwortung der Frage, wie man seinen Schützlingen am besten helfen und dabei seine eigenen Nerven schonen kann. Es hat keinen Sinn, Dinge von Schülern zu fordern, die ihrem Wesen nicht entsprechen. Das ist anstrengend für den Lehrer und mühsam für den Schüler, kurz gesagt: Energieverschwendung. Der Schüler wird sich vielleicht anpassen, sich unterordnen und folgsam sein, aber auf lange Sicht ist es ihm nicht möglich sich zu verbiegen. Letzten Endes sind solche Erziehungsmaßnahmen zum Scheitern verurteilt, weil niemand dauerhaft gegen sein Naturell ankämpfen kann und soll. Wenn das der Lehrer nun weiß und entsprechend berücksichtigt, so meine ich, spart man sich viel Ärger und der Unterricht wird erfolgreicher.

Schielen Sie nicht nur auf die Schattenseiten der Schülerpersönlichkeit, sondern bemühen Sie sich vor allem darum, die Stärken und Ressourcen des jeweiligen Temperaments zu erkennen und entsprechend zu fördern. Nicht zuletzt profitieren auch wir Lehrer von der Kenntnis der verschiedenen Temperamente. Es erfordert Mut und Ehrlichkeit die eigenen Schwachpunkte zu akzeptieren. Kommt man sich selbst jedoch auf die Schliche, besteht weniger die Gefahr seine eigenen Unzulänglichkeiten auf Kosten der Schüler auszuagieren. Nun wünsche ich viel Spaß beim Entdecken der vier Temperamente.

[10] *Wlodarek, Eva:* Go! Mehr Selbstsicherheit gewinnen. Krüger Verlag, Frankfurt am Main, 2002. S. 209.

Das sanguinische Temperament – oder: Der Tanz auf vielen Hochzeiten

Der Sanguiniker ist ein sehr lebendiger, kontaktfreudiger, aufgeschlossener, quirliger, sprunghafter und begeisterungsfähiger Typ. Er verfügt über eine schnelle Auffassungsgabe, ist vielseitig interessiert und hat tausend Ideen (die er oft nicht in die Tat umsetzt). Leider neigt er zu Oberflächlichkeit und Unverbindlichkeit, gelegentlich auch zu Unzuverlässigkeit. Was dem Sanguiniker fehlt, sind Ausdauer, Gründlichkeit, Fleiß, Gewissenhaftigkeit und Durchhaltevermögen, wenn etwas unangenehm und schwer ist. Quantität ist ihm wichtiger als Qualität.

Sanguiniker-Kinder spielen lieber viele einigermaßen gut einstudierte Stücke als wenige, bombensichere. Weil sie ihr Stück nicht gründlich und sicher beherrschen, verspielen sie sich häufig. Der Sanguiniker kann viele Dinge begeistert anfangen, aber keines wirklich zu Ende führen. Diese kurzfristige Leidenschaft für Musikstücke und Instrumente ist typisch für dieses Temperament. Unter den Schülern, die viele Instrumente spielen, aber keines ausdauernd und gründlich, finden sich viele Sanguiniker. Im Instrumentalunterricht brillieren sie als gute Vom-Blatt-Spieler. Da ihnen der beharrliche Fleiß fehlt, haben sie meist keine solide Technik. Ihr Klang ist leicht, sehr flexibel und wenig geerdet. Sie spielen eher horizontal-vorausschauend als vertikal-stabilisierend.

Der Sanguiniker liebt das Durchspielen. Wählen Sie für ihn eher viele leichtere Stücke aus als wenige anspruchsvolle. Es ist wichtig, solchen Schülern immer etwas Neues aufzugeben und sie nicht zu viel wiederholen zu lassen. Das bringt sowieso nichts, da Sanguiniker im Unterricht zwar sehr einsichtig, aber meist zu faul sind ihre Erkenntnisse zu Hause regelmäßig in die Tat umzusetzen. Sie finden immer etwas, das ihnen bedeutsamer erscheint als das, was sie gerade tun. Gründlichkeit und Ausdauer sind einfach nicht ihre Stärke. Es nutzt auch wenig einen Sanguiniker zum Üben zu zwingen. Das ist so, als wollte man eine Stubenfliege dazu bringen an einem Platz sitzen zu bleiben. Ein echter Sanguiniker lässt sich nicht festnageln. Er braucht die Abwechslung und das flüchtige „Darüber-hinweg-Spielen". Will ein Sanguiniker allerdings von sich aus an einem Stück länger dranbleiben, ist es sinnvoll das auch auszunutzen.

Der Sanguiniker ist ein echter Menschenfreund und sehr kommunikativ. Über das Gespräch findet man einen guten Zugang zu solchen Kindern. Unter ihnen finden sich häufig Schüler, die dem Lehrer zuliebe üben. Von Sanguiniker-Kindern erhält man als Lehrer viel Bestätigung. Sie halten gerne Blickkontakt und zeigen ihre Freude offen, wenn sie etwas begriffen haben und umsetzen können.

Der Phlegmatiker: Ein Fels in der Brandung

Der Phlegmatiker ist das Pendant zum Sanguiniker. Bei ihm handelt es sich um einen ziemlich ausgeglichenen, friedlichen, ruhigen, sorgfältigen und bedächtigen Zeitgenossen mit einem „dicken Fell". Er stellt ein regelrechtes Bollwerk an Gemütsruhe dar. Seine Gründlichkeit, Ausdauer und Gewissenhaftigkeit sind beispielhaft. Sämtliche Phlegmatiker, die ich bisher unterrichtet habe, waren ausgesprochen fleißig, zuverlässig und leistungsbereit. Der Phlegmatiker kann allerdings auch ziemlich träge, unflexibel, stur, bequem, pedantisch und vor allem langsam sein. Nach außen hin wirkt er oft passiv und interesselos.

Phlegmatische Schüler kommen meist gut vorbereitet zum Unterricht, sind kaum nervös beim Vorspiel und verspielen sich dadurch selten. Meist haben sie einen satten, schweren, statischen Klang und lahme Finger. Manchmal erkennt man den Phlegmatiker auch an seiner langsamen, etwas monotonen Sprechweise.

Durch ihre Schwerfälligkeit kommen sie schlecht „in die Gänge", die Tempi bei den schnellen Sätzen nehmen sie grundsätzlich zu langsam, der musikalische Ausdruck ist bisweilen extrem ruhig, oft zäh und langweilig. Der Phlegmatiker „klebt" an den Noten und kommt nicht vom Fleck. Vorausschauendes Spiel und spontanes Reagieren sind nicht seine Stärke, aber das, was er gerade spielt, ist sehr genau. Durch dieses „Von-einem-Ton-zum-nächsten-Spielen" hat er Schwierigkeiten beim flüssigen Spiel und bei der Phrasenbildung. Gemütliche, gleichförmige Stücke sind eher sein Ding als heitere, beschwingte, abwechslungsreiche.

Die Gemächlichkeit des Phlegmatikers kann einen im Unterricht zuweilen zur Verzweiflung bringen, außer man ist selber phlegmatisch. Es ist relativ sinnlos den Phlegmatiker z. B. bei schnellen Sätzen anzutreiben, zu aktivieren, da er seine schleppende Gangart als angemessen empfindet. Er merkt nicht, dass er „mit einem Fuß auf dem Gas und mit dem anderen auf der Bremse steht". Verbale Ermunterungsversuche sind vielfach zum Scheitern verurteilt. Besser ist es, mit ihm mitzuspielen bzw. ihn zu begleiten. Er braucht jemanden, an den er sich dranhängen kann, dann kann er problemlos das Tempo halten. Mitspiel-CDs mag er jedoch nicht so gern; diese sind ihm oft zu schnell.

Kammermusik ist demnach das Mittel der Wahl für das Phlegma. Wenn er mit anderen zusammenspielt, „taut er auf". Soziale Kontakte sind wichtig für ihn, da er oft ein Einzelgängertyp ist. Als Anführer oder Tempomacher ist er weniger geeignet, das überfordert ihn. Er denkt beim Spielen eher an sich und lässt sich von den anderen an der Hand nehmen und mitziehen. Leider verfällt er, sobald er alleine spielt, wieder in sein ursprüngliches Schneckentempo. Quirlige, lebendige und sehr schnelle Stücke sind nichts für ihn, ebenso Stücke, bei denen tänzerische Leichtigkeit gefragt ist. Selbst wenn er für seine Begriffe schnell spielt, klingt es immer noch irgendwie „klebrig" und schwerfällig. Da er gründlich, zäh und ausdauernd ist, beißt er sich gern durch knifflige Stücke. Es ist besser, mit ihm etwas schwierigere Stücke zu erarbeiten und dafür länger dran zu bleiben. Das macht ihm nichts aus, denn er bleibt gerne geduldig und beharrlich bei der Sache.

Vorsicht, Explosionsgefahr! – Das cholerische Temperament

Choleriker sind aufbrausende, temperamentvolle Geschöpfe. Sie sind extrovertiert, aktiv, willensstark, energisch, kraftvoll und impulsiv, können jedoch auch unbeherrscht, zornig und angriffslustig sein. Der Choleriker kann sich gut wehren und verteidigen. Kommt er unvorbereitet zum Unterricht, hat er statt eines schlechten Gewissens gute Ausreden, die er lautstark zum Besten gibt.

Cholerische Kinder vertragen Strenge. Man muss ihnen als Respektsperson gegenübertreten und gelegentlich zeigen, wo es langgeht, sonst tanzen sie einem auf der Nase herum. Falls der Choleriker ein handliches Instrument spielt, ist er durchaus in der Lage, dieses im Extremfall als Waffe im Streit mit einem Mitspieler zu benutzen. Der für seine Wutausbrüche bekannte Flötist Marcel Moyse hat einmal bei einem Meisterkurs einem schlafenden Teilnehmer seine Flöte an den Kopf geworfen. Dieses Ausrasten ist typisch für das cholerische Temperament.

Einen Choleriker darf man keine Sekunde aus den Augen verlieren, sonst entwischt er sofort. Niemals sollte man ihn allein im Unterrichtszimmer zurücklassen, denn er könnte alles Mögliche anstellen. Weisen Sie ihn immer wieder in seine Schranken und lassen Sie sich nichts gefallen. Souverän wirkt es bei verbalen Angriffen humorvoll zu kontern. Manchmal sind auch Bestrafungen, z. B. Nachsitzen, notwendig. Machtkämpfe trägt der Choleriker offen aus. Er kann sehr bestimmend sein und möchte gerne eine dominante Rolle im Unterrichtsgeschehen spielen. Hinter der selbstherrlichen Fassade verbirgt sich jedoch oft eine verletzliche und weiche Seite, die nach Anerkennung lechzt.

Choleriker sind sehr direkt und füllen mit ihrer Person den ganzen Unterrichtsraum aus. Man erkennt sie schon daran, wie sie den Unterrichtsraum betreten. Oft reißen sie die Türe auf und rufen oder signalisieren „Hallo, hier bin ich". Ein Melancholiker klopft schüchtern an oder wartet vor der Türe, bis man ihn hereinbittet.

Ein cholerischer Schüler braucht klare, unmissverständliche Anweisungen. Da er sich gut abgrenzen kann, verträgt er Kritik besser als z. B. der Melancholiker. Während dieser an einer Kritik eher zerbricht, geht der Choleriker gestärkt aus der Niederlage hervor. Ein verpatzter Auftritt ist für den Melancholiker eine Katastrophe, für den Choleriker Ansporn es das nächste Mal allen zu zeigen.

Die Stärken des Cholerikers kann man sich leicht zu Nutze machen. Er liebt kraftvolle, zupackende, überschäumende Stücke. Nachdenkliche Stücke mit Tiefgang sind ihm zu langweilig. Bei ihm muss immer „was los sein". Ein Drumset ist für einen Choleriker das optimale Betätigungsfeld. Hier kann er sich austoben und abreagieren. Er spielt selbstbewusst, auch wenn er nicht geübt hat. Da seine Spielweise eine aggressive Note aufweist, ist er leicht für extreme klangliche Effekte und Spieltechniken im Rahmen der Neuen Musik zu begeistern.

Es ist wichtig, ihn immer wieder öffentlich vorspielen zu lassen. Er geht gerne aus sich heraus und es tut ihm gut, gelegentlich den Angstanteil des Lampenfiebers zu verspüren. Das macht ihn demütig. Der Choleriker möchte gerne im Mittelpunkt stehen und Verantwortung tragen. Bei kammermusikalischen Gelegenheiten übernimmt er gerne die Chefrolle. Er kann gut führen und, falls nötig, durchgreifen. Allerdings ist er dabei oft rücksichtslos, herrschsüchtig und herablassend. Wenn dem Choleriker etwas nicht passt, sagt er es. Gefällt ihm z. B. ein Stück nicht, beschwert er sich sofort. Ein Melancholiker würde sich das nicht so ohne weiteres trauen. Da Choleriker gelegentlich zur Selbstüberschätzung neigen, ist es wichtig Lob sparsam zu dosieren und ihn mit Mitspielern zu konfrontieren, die besser spielen als er. Kaschiert er mit seinem explosiven Verhalten Unsicherheit, braucht er Bestätigung und Zuspruch.

Der Melancholiker – oder: Die Geschichte eines Traumtänzers

Der Melancholiker ist feinfühlig, verträumt, geheimnisvoll, zurückhaltend, introvertiert sowie sensibel, geduldig, empfindsam, empathisch, fleißig, zuverlässig und mitfühlend. Seine wunden Stellen sind Ängstlichkeit, Schwermütigkeit und Zögerlichkeit; oft ist er auch sehr labil und dünnhäutig.

Melancholiker pflegen eine ästhetische Tonkultur und verfügen über eine differenzierte Klangwahrnehmung. Sie spielen meist mit innigem, wehmütigem Ausdruck und scheuen sich vor virtuosen, temperamentvollen Stücken.

Melancholiker haben viel Tiefgang. Sie lieben die Schönheit des Klanges und die Traurigkeit langsamer Sätze. Bei tiefsinnigen, tragischen Stücken, gerne in Moll, fühlen sie sich zu Hause. Sie baden manchmal geradezu in Weltschmerz und sehnen sich dennoch nach einem Happy End. Entsprechend liebt der Melancholiker schwermütige Stücke mit „glücklichem" Ausgang, z. B. ein Moll-Stück mit einem hoffnungsvollen Ende in Dur. Schöne Melodien und selige Harmonien sind Balsam für den Melancholiker und wärmen seine Seele. Laute, aggressive Töne und unaufgelöste Disharmonien behagen ihm nicht.

Melancholiker brauchen viel Lob und Anerkennung. Sie sind leicht zu verunsichern und wirken verstört, wenn man sie nicht ausreichend bestätigt. Kritische Anmerkungen nehmen sie sehr ernst. Allerdings jammern sie auch gerne und benutzen ihr Lamento (unbewusst) als emotionales Druckmittel. Als Lehrer hat man dann schnell Mitleid mit diesen zerbrechlichen Kreaturen und gibt nach. Während der Choleriker laut wird und sich schnell aufregt, drückt der Melancholiker Unmut eher nonverbal durch nebulöse Verstimmungen und subtile mimische Veränderungen aus. Er wagt nicht zu sagen, was er denkt, lieber leidet er. Wünsche äußert er kaum, falls doch, eher indirekt. Melancholische Schüler sind still und schweigsam im Unterricht und haben Schwierigkeiten Blickkontakt zum Lehrer zu halten. Die Augen des Cholerikers oder des Sanguinikers funkeln und blitzen. Der Blick des Phlegmatikers oder des Melancholikers ist eher „nach innen" gerichtet. Ein Melancholiker kann jedoch auch anders. Ich habe schon extrem introvertierte, zarte und schüchterne Flötenmädchen erlebt, die im Unterricht kaum den Mund aufbrachten und nur einen schwachen, leisen Klang produzierten. Dieselben Schülerinnen spalten zum allgemeinen Erstaunen in ihrer Freizeit im Karate-Club Holzbretter mit der bloßen Hand in zwei Hälften oder spielen eine tragende Rolle in Theaterstücken. Diese kraftvolle, kämpferische Seite des Melancholikers würde man auf den ersten Blick nicht vermuten.

Es ist schwer einzuschätzen, was in einem Melancholiker vor sich geht. Fragt man ihn etwas, kann es lange dauern, bis er antwortet, weil er Angst hat etwas Falsches zu sagen. Es ist wichtig dies zu akzeptieren, Aufheiterungsversuche sind hier fehl am Platz. Besser ist es, ihm von eigenen Schwierigkeiten zu berichten, die man überwunden hat. Das gibt ihm das Gefühl des Verstandenwerdens. Es kann lange dauern, bis der Melancholiker Vertrauen gefasst hat. Überwindet er seine Skepsis und öffnet die Tür zu seiner Seele, entdeckt man nicht selten seelische Reife und Sinn für Humor.

Wenn möglich, sollte ein Melancholiker in eine Gruppe integriert werden. Trifft er im Ensemble auf Gleichaltrige, blüht er auf und wird mitteilsamer. Im Gruppenunterricht ist es ratsam den Melancholiker mit einem bzw. mehreren schlechter spielenden Schüler zu verkuppeln und ihm eine Art Vorbildfunktion zuzuteilen. Das stärkt sein Selbstvertrauen und er wird Schritt für Schritt aus seinem Schneckenhaus gelockt.

Die Spielweise des Melancholikers ist eher defensiv. Da er nicht gerne aus sich herausgeht und sich schlecht verkaufen kann, hat er große Angst vor öffentlichen Auftritten. Er verkraftet Niederlagen schwer und neigt zu Minderwertigkeitskomplexen. Vor Verantwortung schreckt er zurück und lässt lieber anderen den Vortritt. Schicken Sie ihn nur dann auf die Bühne, wenn er es selbst möchte und die einstudierten Stücke sicher beherrscht. Andererseits ist es ebenso wichtig ihn diesbezüglich zu ermutigen, da ihn ein gelungener Auftritt enorm stabilisieren kann.

Resümee

Zum Schluss bleibt die Aufgabe das jeweilige Temperament nicht nur zu fördern, sondern auch (heraus)zufordern und gelegentlich mit dessen Gegenteil zu „würzen". Über den Tellerrand des jeweiligen Charakters hinauszuschauen und vom Fremden zu kosten, kann spannende Erkenntnisse liefern und die eigenen Grenzen sprengen. Es ist klar, dass ein Melancholiker nicht immer nur traurige, ein Phlegmatiker langsame, ein Sanguiniker schnelle und ein Choleriker stürmische Stücke spielen soll. Das wäre viel zu einseitig und würde das entsprechende Temperament zu sehr festtreten. Es geht letztlich nicht darum, **was** der jeweilige Typ spielt, sondern **wie** er es im Rahmen seines Temperaments spielen kann. Jedes Temperament wird den wiederum typischen Charakter eines Musikstücks unterschiedlich verstehen, verarbeiten und interpretieren. Es bleibt die Frage, was man als Lehrer erwarten bzw. inwieweit man die Art der Interpretation beeinflussen kann. Ein tänzerisches Stück wird bei einem Phlegma eher ein Elefantentanz als ein Zehenspitzentanz sein. Ein wilder Presto-Satz klingt bei einem Melancholiker sicherlich zurückhaltender als beim Choleriker. Der offene, direkte Klang des Cholerikers färbt einen langsamen Satz anders ein als der sensible, innige, zart schmelzende Klang des Melancholikers. Ein barocker Allegro-Satz klingt beim Sanguiniker hell, leicht und spritzig, beim Phlegmatiker eher heiter und gelassen.

Die Akzeptanz des eigenen Temperaments und die damit verbundenen persönlichen und musikalischen Entwicklungen bleiben für uns alle eine lebenslange Herausforderung. Dies verdeutlicht das Zitat von Ted Shackelford auf eindrucksvolle Weise: „Wenn dir an dir etwas nicht gefällt, ändere es. Wenn du es nicht ändern kannst, akzeptiere es."

Noch mehr Typen

Die folgenden vier Typen stammen aus meiner „privaten Sammlung". Es handelt sich um den Perfektionisten, den Pi-mal-Daumen-Typen, den Tief- und den Hochstapler. Der Pi-mal-Daumen-Typ weist Ähnlichkeiten mit dem Sanguiniker auf, der Tiefstapler geht in Richtung Melancholiker und den Hochstapler habe ich schon in Verbindung mit einem eher cholerischen Temperament erlebt. Unter den Melancholikern finden sich häufig Perfektionisten. Da diese vier Typen auch unabhängig vom jeweiligen Temperament auftreten und spezielle Merkmale aufweisen, möchte ich sie hier gesondert vorstellen. Lassen Sie sich inspirieren, vielleicht haben Sie auch schon mit der einen oder anderen Spezies in Ihrem Unterricht Bekanntschaft gemacht.

Der Hundertprozentige

Perfektionistisch veranlagte Schüler sehen jeden Fehler mit dem Vergrößerungsglas. Man erkennt sie z. B. daran, dass sie sich selbst kritisieren, bevor der Lehrer überhaupt irgendetwas gesagt hat. Nun ist es grundsätzlich schon nicht gut Fehler zu sehr aufzubauschen, beim Perfektionisten ist es erst recht unangebracht, da er bereits selbst hart mit sich ins Gericht geht.

Ich denke gerade an eine Schülerin, die, nachdem sie ihr Hausaufgaben-Stück vorgespielt hat, sofort sagt: „Ich weiß, das war jetzt nicht gut gespielt. Ich habe dies und das und jenes falsch gemacht." Solche Schüler nehmen gelungene Passagen gar nicht wahr. Sie stürzen sich sofort auf alles (meist sind es Kleinigkeiten), was schief gelaufen ist. Ein Perfektionist findet (s)eine durchschnittliche Leistung bereits total schlecht. Oft entschuldigt er sich auch noch für seine Spielweise. Reagieren Sie als Lehrer gelassen und relativieren Sie Fehler, ohne diese zu ignorieren. Beruhigen Sie den Schüler, indem Sie ihm sagen, dass es ganz normal ist, wenn nicht immer alles 100-prozentig klappt. Stoßen Sie nicht mit ihm ins selbe Horn, sondern zeigen Sie ihm auf, was er schon alles gelernt hat. Da es sich bei Schülern, die das Gras wachsen hören, meist um sehr begabte, sensible Kreaturen handelt, dürfte das nicht allzu schwer fallen. Harte Kritik ist im Übrigen beim Perfektionisten nicht nur unnötig, sondern sogar gefährlich, weil Erbsenzählerei gerade bei diesem Typ schnell zu Verkrampfungen führen kann. Nehmen Sie Mängel nüchtern zur Kenntnis und reagieren Sie möglichst sachlich darauf. Der Perfektionist muss lernen, dass Fehler jedem passieren können und man sich deswegen nicht zu ärgern braucht oder gar schämen muss. Ich unterrichte zurzeit eine neunjährige Klavierschülerin, die regelmäßig richtig wütend wurde, wenn nicht alles sofort glatt ging. Sie hatte anfangs die Schwierigkeiten des Klavierspiels unterschätzt und nahm es sich übel, dass ihr nicht alles so leicht von der Hand ging wie bei der Blockflöte. Als sie dann auch noch pampig zu mir wurde, habe ich ihr erklärt, dass das Einstudieren eines Stückes ähnlich wie ein Puzzlespiel funktioniert. Am Anfang sucht man noch mühsam nach Teilen und so nach und nach vervollständigt man das Bild; bei einem komplizierten Puzzle dauert es eben etwas länger. Seitdem ist sie beruhigt und fällt mildere Urteile über ihr Lerntempo.

Der „Pi-mal-Daumen"-Typ

Dieser Typ ist das Gegenteil des Perfektionisten. „Das passt schon so", sagte neulich ein Schüler von dieser Sorte zu mir, nachdem er vorgespielt hatte. Er signalisierte mir damit, dass er bereits rundum zufrieden mit seinem Ergebnis war, obwohl in Wirklichkeit noch eine Menge Arbeit vor uns lag. Pi-mal-Daumen-Typen können nicht verstehen, warum man als Lehrer so einen „Aufstand" wegen Kleinigkeiten macht. Ihnen reicht es vollauf, wenn ihr Vortrag so ungefähr stimmt. Davon, dass nach der groben Arbeit noch die Feinarbeit ansteht, wollen sie nichts wissen. Ungenauigkeiten z. B. in Bezug auf die Artikulation oder den Rhythmus, die große Auswirkungen auf das Gesamtbild haben, stören solche Schüler nicht. Sie begnügen sich mit einem mittelmäßigen Resultat. Steckt ein schwerer Fall von sanguinischer Faulheit dahinter, ist es fast aussichtslos den Schüler dazu zu bewegen zu Hause gründlicher zu arbeiten. So ein oberflächlicher Spieler hört nur das, was er hören will. Umso mehr muss in der Stunde in die Tiefe gegangen werden.

Dies widerspricht eigentlich der Theorie, dass man einen Schülertyp so sein lassen sollte wie er nun mal ist. Aber erstens ist diese großzügige Handhabung von Schlampereien nicht nur unter Sanguinikern verbreitet, und zweitens kann auch ich nicht aus meiner Haut (siehe Perfektionist). Ich arbeite nun mal gründlich und einen halbfertigen Vortrag lasse ich nicht durchgehen. Kreiden Sie Schludrigkeiten vor allem bei fortgeschrittenen Schülern konsequent an. Der „Pi-mal-Daumen"-Typ muss lernen, dass die Erarbeitung eines Stückes eine Bergbesteigung (mit durchaus schönen Aussichten) und kein Sonntagsausflug ist.

Der Tiefstapler

Der Tiefstapler weist Ähnlichkeiten mit dem Perfektionisten auf, nur dass dieser Typ ausgesprochen pessimistische Züge in sich birgt. Er wertet sich und seine Arbeit ab und hat Schwierigkeiten damit Lob dankend anzunehmen. Selbst über deutliche Fortschritte kann er sich nur bedingt freuen. Er verweist sofort auf das, was noch fehlt. Tiefstapler stellen grundsätzlich ihr Licht unter den Scheffel. Sie unterschätzen ihre Fähigkeiten und können nicht verstehen, warum ihr Spiel positiven Anklang findet. Kritische Anmerkungen nehmen sie sofort persönlich oder sie verteidigen sich mit einem klagenden Unterton. Da der Tiefstapler seine Leistung mit seiner Person verbindet, kann ihm nur bedingt geholfen werden. Agieren Sie mit solchen Schülern mehr über die Beziehungsebene. Versuchen Sie einen guten Kontakt herzustellen und zeigen Sie ihm, dass Sie ihn auch dann mögen, wenn er seinen Vortrag mit einem Stirnrunzeln quittiert. Ich denke dabei an eine ehemalige Schülerin, die große Schwierigkeiten mit der Fingertechnik hatte. Sie hatte zwar „nur" ein Problem mit der Auge-Hand-Koordination, dies war jedoch so schwerwiegend, dass ihr gesamter Spielapparat darunter litt. Die Leitung vom Hirn zu den Fingern war definitiv zu langsam. Fingerübungen und schnelle Stücke waren die reinste Qual für sie. Sie hat sich immer wieder selbst niedergemacht, weil sie sich „zu blöd" fand. Da ich sie persönlich sehr sympathisch fand, fiel es mir nicht schwer ihr Versagen von ihrer Person abzukoppeln. Für mich war sie ein nettes Mädchen mit einem schönen Ton und mangelhafter Fingertechnik.

Der Hochstapler

Der Hochstapler lobt sich gerne selber. Selbst banale Leistungen, die nur einer Winzigkeit an Anstrengung seinerseits bedürfen, findet er grandios. Er schätzt sich selber viel talentierter ein, als er in Wirklichkeit ist. Deshalb sieht er auch nicht ein, warum er so viel üben soll. Er spielt doch ohnehin besser als die anderen. Vielleicht ahnt er dunkel, dass sich hinter seinem Größenwahn nur „heiße Luft" verbirgt, aber wahrhaben will er das nicht. Lieber setzt er ein Pokerface auf und tut so, als wäre alles bestens. Im Grunde genommen ist der Hochstapler genauso unsicher wie der Tiefstapler. Er verkauft sich nur besser. Bestätigen Sie den Hochstapler als Mensch, aber beschönigen Sie auf keinen Fall sein Spiel. Holen Sie ihn auf den Boden zurück, falls er droht abzuheben. Ich habe einmal einer Selbstüberschätzerin für ihre unterdurchschnittliche Leistung die Note „Vier" erteilt. Da sie sehr musikalisch ist, dachte ich, dass sie gehört haben muss, was alles schief ging. Sie war jedoch völlig überrascht und konnte meine Kritik gar nicht nachvollziehen. Ähnliches habe ich mit einem „großartigen" Schüler erlebt, der sich nicht vorstellen konnte, eine schlechtere Bewertung als die Note „Eins" zu erhalten. An der Reaktion auf eine Schulnote kann man übrigens gut erkennen, wie sich ein Schüler selbst einschätzt.

Ich konnte nicht üben, weil ...

Kommt Ihnen dieser Satzanfang bekannt vor? Sie können sich wahrscheinlich gut vorstellen, wie dieser Halbsatz von chronischen Faulpelzen vervollständigt wird. Hier ein paar Kostproben aus meinem Unterrichtsalltag:

- ich für die Schule lernen musste,
- ich zu Hause nicht mehr wusste, was ich üben sollte,
- ich zu Hause die Noten nicht finden konnte,
- ich die entsprechende Seite im Buch nicht mehr wusste,
- keine Zeit dafür hatte,
- ich nicht (mehr) wusste, wie das Stück klingt.

Diese Ausreden haben eines gemeinsam: Der Schüler konnte nicht üben, weil er nicht wirklich wollte. Das Instrumentalspiel ist ihm nicht wichtig genug, sonst würde er dafür auch Zeit finden. Gegen grundsätzliches Desinteresse ist man als Lehrer eigentlich machtlos. Will ein Schüler partout nicht üben, nutzt es auch nichts, wenn Sie „hinten schieben" und „vorne ziehen". Beim ersten Anzeichen eines Motivationsabfalls braucht nicht gleich die Flinte ins Korn geworfen zu werden. Handelt es sich beispielsweise um eine pubertätsbedingte Flaute, sollte dies akzeptiert und mit entsprechender Literatur überbrückt werden. Ein vorübergehender Durchhänger bedeutet nicht automatisch das Aus. Solange die Glut noch glimmt, besteht Hoffnung auf Feuer. Manchmal springt jedoch der Funke von Anfang an nicht über. Will der Schüler im Grunde gar kein Instrument oder dieses Instrument nicht spielen, sollte die Notbremse gezogen werden, je eher desto besser. Durchhalteparolen nach dem Motto „Der Appetit kommt beim Essen" sind hier fehl am Platz. Da der Unterricht Zeit und Geld kostet, müssen Sie Klartext reden. Machen Sie den Eltern klar, dass es keine Schande ist kein Instrument zu beherrschen. Warum soll ein Junge Klavier spielen, wenn er lieber Modellflugzeuge baut oder Fußball spielt? Kreativer Selbstausdruck ist nicht zwangsläufig an Instrumentalspiel gebunden. Als Erwachsener würde man sich doch auch nicht in seiner Freizeit mit einem ungeliebten Hobby herumplagen. Dies ist nicht einmal eine Frage des Talents, ich hatte schon begabte Schüler, die völlig fehl am Platz waren.

Überprüfen Sie, bevor Sie kapitulieren, ob hinter den Ausreden Gründe stecken, die der Schüler nicht erkennt oder nicht sagen will. Hier ein paar mögliche Hintergründe:

- Über- oder Unterforderung: Das Stück ist zu schwer, der Schüler sieht kein Land und fängt erst gar nicht an zu üben. Oder: Das Stück ist zu leicht. Er langweilt sich und will diesen „Kinderkram" nicht spielen.
- Der Schüler weiß nicht, wie er üben soll.
- Der Schüler hat schulische Probleme und damit kaum Freizeit, weil er überdurchschnittlich viel für die Schule arbeiten muss (allerdings muss der Schulstress s. o. auch oft als Ausrede herhalten).
- Eine schwierige familiäre Situation (z. B. Scheidung der Eltern) kann zu Konzentrationsstörungen und/oder Leistungsabfall führen.
- Liebeskummer, Probleme mit Freunden oder Mitschülern schwächen die Leistungsbereitschaft.
- Der Schüler kommt mit Ihnen oder Ihrem Unterrichtsstil nicht klar.

- Das Instrument ist ein Hobby unter vielen anderen, es entsteht Freizeitstress.
- „Rache" am Lehrer (hier handelt es sich um ein Machtspiel, der Schüler liebt es, wenn Sie sich an ihm die „Zähne ausbeißen". Eher schneidet er sich ins eigene Fleisch, als dass er Ihnen einen Unterrichtserfolg gönnt.) Je mehr Sie sich abmühen und mit ihm beschäftigen, desto weniger übt er. Das läuft natürlich unbewusst ab und kommt vor allem bei pubertären Verweigerern vor. Signalisieren Sie deutlich, dass es Ihnen egal ist, ob er vorwärts kommt. Üben Sie keinesfalls mit ihm in der Stunde. Geben Sie einem Saboteur leichte Stücke, die er ohne Ihr Zutun bewältigen kann.

Kennt man als Lehrer die wahren Gründe, versteht man auf einmal, warum der Schüler keinen Kopf fürs Üben hat und kann besser damit umgehen. Aber welcher Schüler traut sich schon zuzugeben, dass er in der Schule gewaltig hinterherhinkt oder die Familienverhältnisse schwierig sind? Manche Schüler wagen z. B. nicht zu Hause ihr Instrument auszupacken, weil einem Familienmitglied (oder Haustier) das Gefiedel auf die Nerven geht. Wer übt schon gerne, wenn er weiß, dass er andere damit stört? Versuchen Sie notfalls mit Hilfe der Eltern herauszufinden, warum ein Schüler nicht übt. Kann der Schüler Sie persönlich oder Ihre Art zu unterrichten nicht ausstehen, erfahren Sie das wahrscheinlich eher indirekt. Haken Sie solange nach, bis Sie die Wahrheit kennen, auch wenn sie unbequem ist. Tolerieren Sie echte zeitliche Engpässe (z. B. punktueller schulischer Stress), sofern eine Grundmotivation vorhanden ist.

Unterrichtsprinzipien

Ich bin überzeugt davon, dass alle tiefer gehenden Veränderungen ganz vorne ansetzen müssen. Nicht im Finish, sondern dort, wo das Material entsteht, mit dem gearbeitet wird.[11]
Gabriele Strehle, Modedesignerin

Die Arbeit am Fundament

Die Arbeit am Instrument ist ganz gut mit dem Bau eines Hauses vergleichbar. Das Fundament würde dann aus Haltung, Bewegung, Koordination, Körperbewusstsein und Atmung bestehen, der Rohbau aus Tonbildung, Rhythmusgefühl, Fingertechnik (Auge-Hand-Koordination) und instrumentenspezifischer Begabung. Viele Instrumentallehrer betrachten sich als Innenarchitekt, der dem Schüler bei der Findung des Einrichtungsstils behilflich ist. Die Gestaltung des Hauses, die bei diesem Vergleich dem musikalischen Ausdruck entspricht, ist zweifellos wichtig, der solide Unterbau jedoch ebenfalls. Es geht mir keineswegs darum, Handwerk über Kunst zu stellen. Man kann auch ein Haus renovieren und gleichzeitig schon darin wohnen, obwohl vielleicht noch nicht alle Zimmer genutzt werden können. Die künstlerischen Freiheiten und Möglichkeiten dürfen jedoch nicht durch bauliche Mängel eingeschränkt werden. Bei einem wackeligen Fundament braucht man sich über die Farbe der Vorhänge vorerst keine Gedanken zu machen. Funktioniert im Verlauf eines Stückes irgendetwas nicht, lässt sich das in den allermeisten Fällen auf undichte Stellen im Fundament zurückführen. Rhythmusprobleme, kontraproduktive Bewegungen, Blockaden, Verspannungen und Kompensationsleistungen sind Zeichen für Schwachstellen beim Rohbau. Das Stück, das gerade gespielt wird, oder Teile daraus können als Ausgangspunkt dienen, fehlerhafte Basics zu renovieren, und zwar regelmäßig und langfristig. Marode Häuser lassen sich nicht in zwei Wochen reparieren. In den folgenden Kapiteln werde ich noch genauer erklären, wie das Instrumentalhaus stabilisiert werden kann. Klingen z. B. die Läufe einer Mozart-Klaviersonate ungleichmäßig und schwerfällig, kann natürlich an der Leichtigkeit der Interpretation gearbeitet werden. Aber die (mögliche) Ursache für die Fehlinterpretation (z. B. unproduktive Bewegungsabläufe) wird damit nicht behoben. Steht eine Hauswand schief oder wackelt das Fundament, ist es erst einmal völlig gleichgültig, welches Mobiliar man auswählt. Das Basisproblem wird einen immer wieder einholen. Ich plädiere dafür, parallel zur Arbeit an Stücken oder Etüden, immer wieder regelmäßig an den Basisvoraussetzungen zu arbeiten. Das heißt im Klartext: Gravierende Schwächen bei der Tonbildung, Körperhaltung und -bewegung, Atmung, beim Rhythmus und bei der Auge-Hand-Koordination müssen immer wieder über sehr lange Zeit geduldig geübt werden, vor allem auch im Unterricht. Basisprobleme kann der Schüler anfangs schlecht alleine zu Hause bewältigen.

[11] *Strehle, Gabriele:* Ob ich das schaffe. Der andere Weg zum Erfolg. Deutsche Verlags-Anstalt, Stuttgart/München, 2002. S. 84 und 85.

Qualität contra Quantität

„Ich muss noch üben", ist ein häufig gebrauchter Satz unter Musikern. „Üben" wird mit „Müssen" kombiniert und erhält dadurch einen negativen Beigeschmack. Was ist das Unangenehme beim Üben? Musizieren sollte doch eigentlich etwas Schönes sein. Das Problem beginnt da, wo musikalischer Umsetzungswille durch körperliches Unvermögen (Koordinationsprobleme, Atem- Haltungs- und Bewegungsstörungen) blockiert wird. Die damit verbundenen Unannehmlichkeiten werden uns zum Verhängnis und müssen irgendwie beseitigt werden.

Die übliche, weit verbreitete Lösung besteht nun darin, schwierige Stellen im Stück möglichst oft zu wiederholen oder ein technisches Marathonprogramm zu absolvieren, ohne dabei der Qualität der jeweiligen Bewegungsabläufe größere Bedeutung zuzumessen. Die Qualität des Ergebnisses (z. B. Tonqualität, Gleichmäßigkeit) wird zwar überprüft und registriert und irgendwie verbessert, die Schlussfolgerungen für die körperliche Herangehensweise im Falle eines unbefriedigenden Resultates bleiben jedoch weitgehend unberücksichtigt oder sind zumindest zu undifferenziert. Der Cellist Prof. Gerhard Mantel nennt diese Art des Übens „Üben nach dem Prinzip Hoffnung".

Wir Musiker lernen im Studium, Schwachstellen auditiv herauszufiltern, aber wir werden nicht ausreichend darüber informiert, wie wir Unerwünschtes ändern können. Das Rezept lautet möglichst viel Zeit in der „Übezelle" zu verbringen.

Warum etwas nicht funktioniert und wie genau der produktive Lösungsweg verläuft, wird meist vernachlässigt. Es gibt natürlich Fälle, bei denen bewusstes Hinhören ausreicht, um technische oder musikalische Schwächen auszumerzen. Oft ist es jedoch so, dass man hört und will, seine Vorstellungen jedoch nicht zufrieden stellend auf dem Instrument umsetzen kann. Besonders unter Musikern hält sich hartnäckig die Meinung, dass der Erfolg umso größer ist, je mehr und je länger man übt. Das stundenlange Wiederholen von Bewegungsabläufen z. B. im Bereich der Fingertechnik ist für uns Musiker so selbstverständlich geworden, dass wir die Qualität eines Bewegungsablaufs erst in Frage stellen, wenn Schmerzen auftreten.

Kein Wunder, dass wir als Instrumentallehrer hilflos und verwirrt sind, wenn die üblichen „08/15-Anweisungen" bei Schülern nicht fruchten. Instrumentalschüler, die nicht über musikalische Vorerfahrungen verfügen oder nicht mit genügend instrumentenspezifischer Begabung gesegnet sind, zwingen uns dazu den Dingen auf den Grund zu gehen. Wenn das „Schülerschiff" morsch ist und leckt, reicht es nicht aus die Segel zu setzen und davonzuschippern. Umfangreiche, fundierte Reparaturarbeiten sind dann vonnöten und methodischer Einfallsreichtum ist gefragt. Den Schüler aufzufordern quantitativ zu arbeiten und ihm die Schuld in die Schuhe zu schieben, wenn der Erfolg ausbleibt, ist jedenfalls zu kurz gedacht. Gemeinsam mit dem Schüler herauszufinden, warum etwas nicht funktioniert, ist eine viel größere Herausforderung als das Verordnen und Abspulen eines Programms. Die spannende Suche nach der Ursache der Spielprobleme sowohl beim eigenen Spiel als auch beim Unterrichten muss einen höheren Stellenwert bekommen als das Absolvieren des Übepensums. Dieses Suchen ist im Endeffekt ein dauerndes spielerisches Probieren, ein Trial-and-Error-Prozess, bei dem die Quantität, also das regelmäßige Üben, eine Rolle spielt, aber bei weitem nicht die einzige. Das „Wie" ist wichtiger als das „Wieviel". Einen ungünstigen, letztlich nicht zum Ziel führenden Bewegungsablauf 100-mal zu wiederholen ist bestenfalls sinnlos. Abgesehen davon steigt ab einer gewissen Wiederholungszahl die Fehleranfälligkeit. Und wer möchte schon falsche Töne einüben?

In meiner Eigenschaft als Atempädagogin arbeite ich oft mit Bläsern, die mangels Alternativen „sicherheitshalber" konsequent auf das „quantitative Pferd" gesetzt und sich auf diese Art und Weise festgespielt haben. Rote Warnlichter in Form von Verkrampfungen und Schmerzen wurden registriert, jedoch nicht weiter beachtet, bis schließlich nichts mehr ging. Da heißt es dann: Rückwärtsgang einlegen und neue Wege beschreiten.

Glücklicherweise gibt es in jüngster Zeit ein großes Engagement seitens der Musikermedizin, die körperlichen Vorgänge beim Musizieren zu analysieren und im Falle einer Störung präventive und therapeutische Maßnahmen zu ergreifen. Viele Musiker wehren sich jedoch gegen diese „Physiologisierung" ihres Instrumentalspiels, weil sie Angst davor haben die Büchse der Pandora zu öffnen. Es könnte ja passieren, dass „schlimme" Fehlhaltungen und andere ungünstige Angewohnheiten ans Tageslicht kommen, was wiederum nach sich ziehen würde die bisherige Vorgehensweise kritisch zu analysieren. Statt die bisherige Spielweise in Frage zu stellen, lässt man lieber alles beim Alten und hofft, dass das viele Üben sich irgendwann auszahlt. Langfristig kann das Ignorieren von Spielblockaden allerdings zum Verhängnis werden, weil man immer wieder an eine Grenze stößt, an der es nicht weitergeht. Meist handelt es sich dabei um Barrieren, die sich nicht mit Wille und Anstrengung lösen lassen. Im Gegenteil: Gerade das Verlassen eingefahrener Vorgehensweisen hilft hier weiter.

Auch beim Training im Hochleistungssport wird nicht nur quantitativ Leistung abverlangt. Die Analyse der Bewegungsabläufe und die daraus resultierenden Erkenntnisse sind genauso wichtig und werden beim nächsten Versuch berücksichtigt. Nur bei uns Musikern scheint es sich noch nicht überall herumgesprochen zu haben, dass ein sturer „Wiederholungszwang" nicht immer das Gelbe vom Ei ist. Aus der Tatsache, dass große Musiker in ihrem Leben viel geübt haben, darf nicht der Umkehrschluss gezogen werden, dass die Quantität entscheidend ist. Bewegungsabläufe müssen automatisiert und Noten einstudiert werden, das ist klar. Aber zunächst gilt es, die Voraussetzungen dafür zu schaffen, dass sinnvolles Wiederholen überhaupt möglich ist, sonst landet man immer wieder in einer Sackgasse und doktert im Endeffekt doch nur an den Symptomen herum. Funktioniert etwas nicht, hapert es oft an ganz grundlegenden Dingen wie z. B. Haltung, Atmung, Rhythmus und Tonvorstellung. Wenn ich Früchte anbauen möchte, reicht es nicht aus, dass ich mir überlege, welche Früchte das sein sollen und wie diese angebaut werden, sondern ich brauche einen entsprechenden Boden. Habe ich diesen nicht, kann ich zwar trotzdem aussäen und es werden auch ein paar Früchte wachsen, aber optimal wird es nicht sein.

Eine Leistung nach Fehlern zu beurteilen, bleibt die Fehlleistung der Schule.
Ruth Greiber

Lösungsorientierter Unterricht

Die bekannte Fernsehpsychologin Brigitte Lämmle hat einmal in einem Interview gesagt: „Für mich gibt es keine Probleme, sondern Lösungen". Diesen lösungsorientierten Ansatz möchte ich Ihnen auch fürs Unterrichten empfehlen. Dazu ist es notwendig, die Schwachpunkte und Fehler beim Spiel des Schülers zur Nebensache zu erklären und nicht zur Hauptsache. Die große Linie beim Unterrichten sollte konstruktiv sein. Es ist natürlich wichtig, Spielprobleme zu erkennen und die Leistung des Schülers richtig einzuschätzen. Das heißt im Klartext, dass eine „Diagnose" gestellt werden muss, die dem Schüler auch durchaus eröffnet werden sollte. Hat der Schüler z. B. ein großes Problem mit dem Rhythmus, sollte ihm dies nicht vorenthalten werden; er merkt es früher oder später ja selber. Nur machen Sie dieses Problem bitte nicht zum Mittelpunkt der Erde. Wenn Sie mit strenger Miene Fehler ankreiden, leidet der Schüler und aus Spaß wird Ernst. Ein Rhythmusproblem ist ohne Zweifel störend und lästig und die Therapie ist langwierig, aber es ist keine Tragödie. In der Regel erklärt der Lehrer ein Problem zu einer Katastrophe, nicht der Schüler. Fehler und Schwächen zu einem riesigen Schreckgespenst aufzuplustern wirkt demotivierend. Der Schüler muss ja nicht in der Carnegie Hall auftreten. Außerdem ist ihm damit natürlich überhaupt nicht geholfen. Es reicht nicht aus, das Problem zu erkennen und es bringt auch nichts, mit dem Schüler stundenlang zu erörtern, wieso, weshalb und warum er dieses Problem möglicherweise hat. Das sollte Ihre durchaus lohnenswerte privatwissenschaftliche Forschung bleiben (siehe „Archäologische Ausgrabungen"). Ein noch so kleiner Schritt Richtung Gipfel ist besser als über die Größe des Berges zu philosophieren. Wenn wir zum Arzt gehen und er uns lang und breit erklärt, wie schlimm es um uns steht, verlassen wir geknickt und mutlos das Sprechzimmer. Wir wollen vor allem eines wissen: Was können wir tun? Welche (möglichst angenehme) Therapie gibt es für unser Problem?

Zur „Diagnose" gehört im Übrigen auch zu erkennen, was der Schüler (gut) kann. Das Potential, das der Schüler hat, sollte der Ausgangspunkt für die Arbeit im Instrumentalunterricht sein. Und wenn es sich nur um eine Winzigkeit handelt, die dem Schüler gelingt; darauf kann man immer aufbauen. Diese positive Haltung steigert auch die Übebereitschaft des Schülers. Obwohl ich schon viele Schüler mit geringen Erfolgsaussichten unterrichtet habe, halte ich positive Veränderungen prinzipiell immer für möglich. Diese zuversichtliche Haltung überträgt sich auf den Schüler und stärkt sein Selbstvertrauen.

Die instrumentale Hochschulausbildung ist leider sehr problemorientiert ausgerichtet. Ein Musikstudent bekommt dauernd zu hören, was alles (noch) nicht funktioniert. Die Wörter „gut gemacht" habe ich damals höchstens zweimal im Semester gehört. Das, was prima läuft wird als selbstverständlich hingenommen und nicht weiter beachtet, vor allem dann nicht, wenn es sich um etwas handelt, das man besser beherrscht als der Professor. Statt dessen wird dauernd auf Problemen herumgeritten, unter denen man sowieso schon genügend leidet. Natürlich muss man auf professioneller Ebene schonungslos ehrlich mit sich selber sein, sonst hat man im heutigen Musikbetrieb keine Chance. Aber ich kann es nicht tolerieren, dass Fehler lediglich angekreidet werden und die Lösungsstrategie unter den Tisch fällt, weil der Lehrer nicht in der Lage ist konkret weiterhelfen zu können.

Ich will damit sagen, dass wir Instrumentallehrer nicht mit dieser Vorgehensweise Kinder und Jugendliche unterrichten können. Es ist Aufgabe des Lehrers herauszufinden, was gegen ein Spielproblem unternommen werden kann. Hier ist der Weg das Ziel: Es erfordert Mut, verschiedene „Therapiekonzepte“ auszuprobieren. Vielleicht landen Sie mit Ihrer Lösungsstrategie in einer Sackgasse; das ist nicht schlimm. Kehren Sie um und versuchen Sie es anders.

Ich finde es spannend verschiedene Vorgehensweisen auszutesten, um nach und nach das Problem zu entwirren. Die kreative Arbeit an der Lösungsstrategie ist ja gerade das Interessante am Unterrichten. Schon oft habe ich während der „Behandlung“ entdeckt, dass das Problem gar nicht so gravierend (oder schlimmer) ist, wie ich zunächst vermutete, oder dass es sich um ein ganz anderes Problem handelt, als ich ursprünglich dachte. Dies bestätigte mir neulich auch mein Klavier-Kollege Stephan Kaller. Er meinte, dass manchmal erst am Ende des Lösungsprozesses erkennbar ist, worin eigentlich das Problem bestand. Es handelt sich sozusagen um eine Problemerkennung „im Rückspiegel“. Das gilt auch für den Schüler. Manche erkennen den ursprünglichen Fehler erst, wenn sie die richtige Version ausprobiert haben. Dadurch entsteht sozusagen die paradoxe Situation, dass ein Problem erst richtig verstanden wird, nachdem es überwunden wurde.

Aus der Arbeit an der Lösung kann der Schüler ableiten, was vorher schief gelaufen ist. Deswegen sage ich dem Schüler, falls das überhaupt noch nötig ist, oft erst am Ende des Lösungsweges, was er falsch bzw. nicht gut gemacht hat. Das kommt besser an, als wenn Sie den Schüler, nachdem Sie sein Spiel unterbrochen haben, sofort damit konfrontieren, was Ihrer Meinung nach nicht stimmt und dann erst mit ihm den Lösungsweg beschreiten. Außerdem ist es natürlich immer besser, der Schüler erkennt seine Probleme selber und bekommt diese nicht ständig vom Lehrer unter die Nase gerieben. Nach meiner Erfahrung ahnen die meisten Schüler sowieso schon dunkel, wo es noch hapert.

Die Arbeit an einer Lösung muss im Übrigen nicht zwangsläufig anstrengend und schwierig sein. Im Gegenteil - ein Rhythmusdefizit zu beheben bringt beispielsweise eine Menge Spaß. Gerade in diesem Bereich gibt es viele lustige Spiele, die man sich nicht entgehen lassen sollte, auch wenn kein Rhythmusproblem vorliegt.

Problembezogener Ansatz

Problemorientiert arbeite ich dann, wenn ich dem Schüler den Unterschied zwischen „schlecht“ und „gut“ krass verdeutlichen möchte. Bei Ton- und Artikulationsproblemen sowie bei musikalischen Gestaltungsfragen muss man gelegentlich die ungünstige Version des Schülers aufgreifen und stark übertrieben zurückspiegeln. Würde man in diesem Fall nur die bessere Alternative präsentieren bzw. vermitteln, weiß man nie so genau, ob der Schüler den Unterschied überhaupt wahrnimmt und damit versteht, worauf man hinaus will. Die Problembetrachtung bzw. die daraus resultierenden Erkenntnisse bringen hier den Lösungsprozess erst in Gang. Dem Schüler muss jedoch vorher unbedingt mitgeteilt werden, dass seine Schwachpunkte zu Demonstrationszwecken überdeutlich dargestellt werden.

Während der Arbeit an einem Spielproblem muss manchmal ein labiles Zwischenstadium durchlaufen werden, das ich als „Erstverschlimmerung“ bezeichnen möchte. Dieser Begriff stammt aus der

Homöopathie und bedeutet, dass sich durch die Gabe eines Medikaments die Krankheitssymptome zunächst verstärken, bevor eine Besserung eintritt. Ein ähnliches Phänomen habe ich auch schon beim instrumentalen Lernprozess beobachtet. Während des Unterrichtens werden zwangsläufig musikalische und technische Schwachstellen aufgedeckt. Dadurch wird dem Schüler bewusst, womit er noch zu kämpfen hat. Das Betrachten und Auseinanderschälen eines Spielproblems lenkt die Aufmerksamkeit auf diese heiklen Punkte und vergrößert auf den ersten Blick (scheinbar) die Problematik. Im Unterschied zur homöopathischen Erstverschlimmerung handelt es sich jedoch dabei nicht um eine Verschlechterung der bisherigen Spielweise, sondern um eine Wahrnehmungserweiterung. Wenn ein latent vorhandenes Spielproblem während des Unterrichtsprozesses erstmalig richtig zum Vorschein kommt, nimmt das Ohr des Schülers plötzlich bisher verborgene Facetten des Spiels wahr. Diese Problembetrachtung „unter der Lupe“ kann zu einer vorübergehenden Destabilisierung des Spielsystems führen, bevor sich dieser Zustand wieder auf einer höheren Ebene einpendelt. Mittlerweile zögere ich nicht mehr, weder bei mir selber noch bei Schülern, technische und musikalische Schwachpunkte wirklich gründlich auseinanderzupflücken und solange daran zu arbeiten, bis sich ein besseres Spielgefühl einstellt.

Hohe Bildung kann man dadurch beweisen, dass man die kompliziertesten Dinge auf einfache Art zu erläutern versteht.
George Bernard Shaw

Weniger ist mehr

Mein Ziel ist ein „puristischer“, unkomplizierter Unterrichtsstil, in dem es darum geht Spielprobleme zu erkennen und dann die Lösung bzw. einzelne Lösungsschritte auf den Punkt zu bringen. Wenige präzise, wirkungsvolle Anweisungen sind besser als tausend ungenaue Nebensächlichkeiten und Abschweifungen. Schlichte Bemerkungen können ausgesprochen wirksam sein, vorausgesetzt, es handelt sich um die richtigen. Ich erinnere mich gerne an eine meiner Lehrerinnen, die sehr gut den Kern einer Sache erfassen und mir dadurch schnell und effektiv weiterhelfen konnte. Dieser Minimalismus, das sparsame, jedoch treffende und wohldurchdachte Dosieren von Spielanweisungen, schafft Klarheit. Dazu muss eine sehr genaue Vorstellung von dem vorherrschen, was man zum jetzigen Zeitpunkt mit dem jeweiligen Schüler erreichen möchte. Vor allen Dingen muss Zurückhaltung geübt werden. Oft gehen einem viele Verbesserungsvorschläge im Kopf herum, aber nur einer davon ist im Moment wichtig und richtig. Das Setzen von Prioritäten ist allein schon aus Zeitgründen notwendig. In einer Instrumentalstunde kann nicht auf alle auftauchenden Spielprobleme eingegangen werden.

Mit der Zeit verbessert sich das Einschätzungsvermögen, in welchem Moment es passender ist nichts zu sagen. Durch allzu eifriges Eingreifen seitens des Lehrers wird der Schüler der Möglichkeit beraubt eigene Erfahrungen zu sammeln. Ein guter Lehrer zeichnet sich dadurch aus, dass er schwierige Zusammenhänge einfach und verständlich formulieren kann und sich dann zurückhält, wenn sich der Schüler in der Erprobungsphase befindet. Komplexe Tätigkeiten müssen schülergerecht verpackt und zum richtigen Zeitpunkt in der angemessenen Reihenfolge „verabreicht“ werden. Während des Unterrichts kann man sich leicht verfransen und plötzlich auf einer Nebenstraße landen, die meilenweit vom Ziel entfernt ist. Behalten Sie das, was Sie erreichen möchten, im Auge und beschränken Sie sich auf das Wesentliche.

Die Beeinflussung eines einzigen Parameters kann bereits das ganze System verändern. Das ist mit einem Billardspiel vergleichbar: Eine Kugel wird gezielt angestoßen, diese bringt weitere Kugeln ins Rollen und im Idealfall landet die letzte schließlich im Loch. Dieses „Anstupsen“ funktioniert auch beim Unterrichten. Wenn z. B. gründlich und intensiv an einem Körperhaltungsproblem gearbeitet wird, kann es sein, dass sich aufgrund der daraus resultierenden optimaleren Instrumentenhaltung die Tonansprache verbessert. Dies kann wiederum zur Folge haben, dass es keine tonlich bedingten rhythmischen Verzögerungen mehr gibt und/oder dass die Phrasengestaltung erleichtert wird. Ferner kann sich die Arbeit am Rhythmus mit Bodypercussion so günstig auf die Koordination und die Motorik auswirken, dass die Unabhängigkeit der Hände beim Klavierspiel gefördert wird. Im Extremfall wird durch minimale Veränderungen eine Lawine losgetreten. Es bleibt dann nur noch die Frage nach der richtigen Ansatzstelle.

Schülerzentrierter Unterricht

Seien Sie sich im Klaren darüber, dass es im Unterricht um die Bedürftigkeit des Schülers und nicht um die Selbstdarstellung des Lehrers geht. Stellen Sie den Schüler in den Mittelpunkt der Stunde, wir Lehrer dürfen uns nicht so wichtig nehmen. Ein Negativbeispiel ist eine frühere Flötenlehrerin von mir, bei der ich vier Semester studiert habe. Sie hat viel zu viel Raum für sich im Unterricht beansprucht. Eigentlich ging es meist um ihr Wissen und Können, was ja beachtlich sein mag. Aber als Schüler fühlte ich mich damals wie ein minderwertiger Nebendarsteller. Der Schüler sollte die Hauptrolle im Unterrichtsprozess spielen. Sie müssen sich deswegen nicht bescheiden in eine Ecke verkriechen oder Ihr Licht unter den Scheffel stellen. Aber wir sollten dem Schüler schon eine gewisse Wertschätzung entgegenbringen und ihn ernst nehmen, auch wenn sich so manche musikalische Schülerleistung, die man während einer Unterrichtslaufbahn zu hören bekommt, an der Grenze der Zumutbarkeit bewegt. Kein Schüler will unseren Ohren absichtlich Schaden zufügen. Sie suchen einfach Hilfe bei der Bewältigung des Unterrichtsrepertoires. Haben Sie Verständnis dafür, dass der Schüler selber agieren, d. h. aktiv lernen möchte. Einige meiner Schüler sind jedes Mal so „heiß“ aufs Spielen, dass sie mich selbstbewusst vom Notenständer verjagen, sobald sie genug von meinen Ausführungen haben; oder sie fangen einfach zu spielen an, während ich noch spreche. Es handelt sich hier wohlgemerkt nicht um schlecht erzogene Kinder, sondern um den körpersprachlichen Ausdruck von „Jetzt bin ich aber wieder dran“.

Im Sport ist der schülerzentrierte Unterricht selbstverständlich. Der Lehrer greift ein, wenn es nötig ist, ansonsten hält er sich zurück und überwacht das Training. Turnt der Schüler z. B. am Reck, hat der Lehrer die Aufgabe, den Schüler so anzuweisen und zu unterstützen, dass dieser nach vielen Fehlversuchen irgendwann unbeschadet seinen Felgaufschwung zustande bringt. Er wird nicht dauernd selber am Reck herumturnen und seine Leistung in den Mittelpunkt stellen. Kinder interessieren sich ohnehin vielmehr für die Person des Lehrers als für dessen Können. Ein Schüler braucht die Gewissheit, dass die nächste halbe Stunde nur für ihn reserviert ist. Wer Streicheleinheiten für sein Ego benötigt, sollte sich ein Konzertpublikum suchen. Der Unterrichtsraum ist nicht der geeignete Platz für egozentrische Pirouetten.

Archäologische Ausgrabungen – oder: Die spannende Suche nach der Ursache

Eine meiner Spezialitäten beim Unterrichten ist das beharrliche Suchen nach Problemursachen. Mich interessiert, warum ein Schüler etwas (nicht) kann. Auch wenn ich vielleicht nie dahinter komme, weshalb jemand ein Rhythmusgefühl hat und ein anderer nicht, so unternehme ich doch zumindest den Versuch den Dingen auf den Grund zu gehen. Schon allein das Graben und Forschen bringt mich voran. Es ist für mich unbefriedigend bei einem Spielproblem dem Schüler lediglich entsprechende Übungen in die Hand zu drücken, statt geduldig Schritt für Schritt herauszufinden, wo es noch hapert und wie man die Hürde meistern kann. Dazu muss man, glaube ich, mit den Ohren des Schülers hören, mit dem Körper des Schülers fühlen und mit den Augen des Schülers sehen. Jeder „Murks", den ein Schüler während seiner Instrumentalausbildung fabriziert, hat seine Berechtigung. Es scheint für ihn die beste Lösung zu sein. Nichts geschieht ohne Grund. Diesen Grund möchte ich herausfinden, denn ich will wissen, warum er eine bestimmte Strategie wählt. Nur so finde ich eine Möglichkeit ihm weiterzuhelfen, alles andere ist für mich oberflächliche Symptomkuriererei. Natürlich kann nicht alles bis ins letzte Detail erfasst und begriffen werden. Es geht nicht um sinnloses Herumstochern, sondern um das Erkennen von Gesamtzusammenhängen durch Ursachenforschung.

Folgendes Beispiel soll dies verdeutlichen: Beim Querflötenspiel ist der rechte kleine Finger ein armer Wicht. Wenn dieser durchgedrückt wird und sich verkrampft, leidet mehr oder weniger die gesamte Fingertechnik, insbesondere die der rechten Hand. Auch mein rechter kleiner Finger hatte lange Zeit zu viel Spannung. Die dadurch hervorgerufene Einschränkung war zwar nicht so gravierend, aber sie störte und behinderte mich trotzdem. Das Problem wurde von meinen Lehrern entweder nicht erkannt bzw. ignoriert oder ich erhielt die schlichte Aufforderung den Finger nicht durchzudrücken, sondern einfach locker zu lassen. Keinen hat offenbar interessiert, warum ich den Finger durchgedrückt habe. Hand in Hand mit dem Kleiner-Finger-Problem geht nämlich meist das zu weite Vorschieben des rechten Daumens, was ebenfalls bei mir der Fall war. Erfahren habe ich dies durch Zufall nach meinem 30. (!) Lebensjahr von einem schlauen Flötisten, der bei einem Meisterkurs assistiert hat. Meine Schüler kombinieren das Kleiner-Finger-Daumen-Problem oft noch zusätzlich mit dem Anlehnen des unteren Gliedes des rechten Zeigefingers an die Flötenmechanik mit dem Resultat, dass die ganze rechte Hand viel zu weit nach links kippt. Der rechte kleine Finger muss sich dann durchdrücken, weil ihm sozusagen gar nichts anderes übrig bleibt. Nun die Frage: Warum geschieht etwas so Unproduktives? Offenbar gibt es für jemanden, der dieses Problem „wählt", keine andere Möglichkeit das Instrument zu stabilisieren bzw. auszubalancieren. Das hat nun zur Folge, dass man letztlich die gesamte Finger-, Hand- und Armhaltung untersuchen und neu organisieren muss. Auch die linke, auf den ersten Blick an dem Problem unbeteiligte Seite muss miteinbezogen werden. Ich habe ausgehend vom Kleiner-Finger-Problem gelernt, die Flöte unter Einbeziehung des linken Armes bzw. der linken Hand neu zu „verkeilen". Das führte dazu, dass sich die linke Schulter völlig anders, d. h. viel entspannter anfühlte als vorher. Dies bewirkte wiederum, dass sich, sozusagen als positive Begleiterscheinung, ein Problem in der linken Hand, das mich schon lange beeinträchtigte, gelöst hat. Außerdem habe ich erfahren, was die Brustwirbelsäule mit der Stabilisierung der Schulter zu tun hat und habe das, was ich über die untere Körperhälfte schon wusste, an das Neue angeschlossen. Die gesamte Körperhaltung war also letztlich, wenn auch z. T. geringfügig, davon betroffen. Die Verkrampfung im kleinen Finger war das letzte Glied in einer Reihe von Fehlhaltungen. Was hätte es mir genutzt, wenn ich stattdessen Fingerübungen gemacht hätte? Die Ursache eines Problems liegt oft weit entfernt von der Funktionsstörung und hat viel mit der Körperhaltung, der Balance, der Gewichts- und Spannungsverteilung im Körper zu tun. Oft muss die Muskelarbeit umverteilt werden. Das heißt in meinem Fall, der kleine Finger braucht weniger Spannung, dafür muss etwas mehr Gewicht ins rechte Bein verlagert werden.

Die Feinmotorik (Finger, Zunge, Lippen) ist sehr störanfällig. Stabilitätsdefizite im Unterkörper werden gerne mit überflüssigen Spannungszuständen im Oberkörperbereich ausgeglichen. Das Gleiche gilt für die Tontechnik, auf die ich noch ausführlicher zu sprechen komme. Wenn ein Schüler einen schlechten Ton hat, dann reicht es, überspitzt formuliert, nicht aus, wenn ich ihm sage, dass der Ton sauberer, klarer und schöner klingen sollte. Ich muss genau hören und suchen, woran es liegt. Liegt es am Ansatz, an der Atmung, an der mangelhaften Hörvorstellung oder an allen dreien? Hier hilft nur Ausprobieren, woran es liegen könnte. Oft ist der Ansatz verkrampft, weil die Atmung nicht stimmt. Dann müssen Hilfsvorstellungen und Atemübungen überlegt werden, um zum einen den Ansatz zu entlasten und zum anderen die Atemstütze aufzubauen. Die Arbeit an der Atmung schließt automatisch die Optimierung der Körperhaltung mit ein. Das ist oft ein langer, mühsamer Weg, der aber sehr aufschlussreich und spannend sein kann und viele Zwischenerfolge als Belohnung bereithält.

Zu früh gefreut?

Mich hat es lange Zeit sehr frustriert, wenn ein Schüler im Unterricht etwas Wichtiges verstanden hat, gut umsetzen konnte und in der nächsten Stunde wieder die gleichen Fehler machte. Ich konnte es einfach nicht verstehen, dass ein gefallener Groschen nicht zu einer dauerhaften Verbesserung führte. Inzwischen ist mir klar, dass ein „Aha"-Erlebnis im Unterricht unter Umständen nur ein Aufblitzen einer Erkenntnis ist und nicht automatisch dazu führt, dass der Schüler das Problem nun ein für alle Mal gelöst hat. Meistens handelt es sich zunächst um den Beginn eines Problemlösungsprozesses. Während der Erkenntnisphase muss mit zahlreichen Rückschlägen gerechnet werden. Es dauert eine Weile, bis der Schüler die Erfahrungen und Erlebnisse aus dem Unterricht wirklich selber immer wieder für sich alleine herholen kann. Besonders bei Kindern (Hochbegabte ausgenommen) darf man keine allzu großen Erwartungen bezüglich des Lerntempos haben. Feine klangliche Unterschiede und musikalische Nuancen, die wir Lehrer als dramatische Veränderung wahrnehmen, sind für Schüler oft nur ansatzweise hör- und damit umsetzbar. Es reicht nicht aus, auf den heilenden Effekt **eines** gefallenen Groschens zu vertrauen. Bei Basisthemen (Tonbildung, Atmung, Haltung, Rhythmus) ist die langfristige Arbeit bereits vorprogrammiert. Hier kann man nichts übers Knie brechen, man muss sich vielmehr Millimeter für Millimeter vorwärts kämpfen und in gewisser Weise immer wieder von vorne anfangen. Kinder vergessen vieles, wenn sie nur einmal pro Woche Unterricht haben. Wiederholen Sie geduldig bereits Gelerntes und beziehen Sie neue Aspekte mit ein. Ein Problem muss solange unter verschiedenen Gesichtspunkten betrachtet und bearbeitet werden, bis der Knoten irgendwann endgültig platzt und selbst dann wird man immer wieder von seinen Schwächen eingeholt. Die Rückfälle werden mit der Zeit zwar seltener und sind weniger dramatisch, gewisse Problemneigungen bleiben jedoch bestehen. Da darf man sich nichts vormachen. Manche Störungen lassen sich auch nie wirklich durch Unterricht, und sei er noch so gut, wegkorrigieren. Das gilt z. B. für psychische Hemmungen, die einem freien Ausdruck im Wege stehen. Auch bei gravierenden Haltungsproblemen ist der Instrumentalunterricht allein nie ausreichend. Es bleibt eben auch die Frage, wie weit der **Schüler** gehen will, um sein Problem ernsthaft anzugehen.

Dazu kommt noch, dass sich vor allem fortgeschrittene Schüler von vertrauten Problemlösungsstrategien bezüglich der Körperhaltung, des Ansatzverhaltens, der Arm- und Fingerhaltung oder einer bestimmten klanglichen Qualität nur schwer trennen können. Hartnäckige Gewohnheiten sitzen tief. Neue Erfahrungen und Erkenntnisse destabilisieren ein schon lange bestehendes System, auch wenn dadurch eine Erleichterung oder Verbesserung erzielt wird. Das führt zu einem unsicheren Schwebezustand: Die alte Vorgehensweise ist in Frage gestellt und die neue Technik greift noch nicht immer und überall. Der Körper will die frühere (Schein-)Sicherheit wieder, weil er damit ja irgendwie gut zurechtkam. Vergleichbar ist dies mit einem Gummiband, das immer wieder nach der Dehnung in den ursprünglichen Zustand zurückschnellt. Ich habe z. B. über zehn Jahre gebraucht, um meine Haltungsgewohnheiten zu ändern, obwohl ich die ersten Schritte in diese Richtung begeistert aufgenommen habe und wirklich umsetzen wollte. Der unbewusste Sog in die physiologisch ungünstigere Richtung war lange Zeit stärker als mein Wille. Ich denke dabei immer an ein großes Schiff, das gestoppt werden muss, um ein Hindernis zu umfahren. So ein schwerfälliger Riese fährt dann lange Zeit immer noch in die falsche Richtung, obwohl die Maschinen bereits rückwärts laufen.

Das Eisen schmieden, solange es heiß ist

Entdeckt der Schüler während des Unterrichtsprozesses etwas Entscheidendes, sollte er genügend Gelegenheit bekommen seine soeben gewonnene Erfahrung noch im Unterricht auszuweiten. Ich nenne dies: das Auskosten einer Erkenntnis. Würgen Sie nicht aus Zeitgründen spannende Prozesse ab. Erlernt ein Schüler z. B. eine neue Artikulationsform oder ein bestimmtes Bewegungsgefühl, soll er dies auch ausgiebig im Unterricht anwenden und ausprobieren dürfen. Stellen Sie Ihr Programm hinten an und geben Sie dem Schüler ein paar Minuten, um soeben Erworbenes zu festigen. Spinnen Sie den Faden erst weiter, wenn er kräftig genug ist.

Ich bin tendenziell beim Unterrichten eher dafür, zumindest was Technik betrifft, in die Tiefe und nicht in die Breite zu gehen. Mir ist es wichtiger, dass ein Schüler ein Prinzip versteht, als dass er viele Übungen oder Etüden nur oberflächlich beherrscht. Verfügt ein Schüler über eine solide Basis, kann er sein Handwerkszeug auf viele verschiedene Stücke anwenden und es muss nicht wochen- oder gar monatelang am selben Stück gearbeitet werden, weil das Fehlen wesentlicher Fertigkeiten das Fortkommen behindert. Benutzen Sie ein Stück als Aufhänger, um dem Schüler Grundlegendes beizubringen. Ich habe schon oft eine ganze Stunde lang an einer klanglichen Qualität, an einem rhythmischen Prinzip oder an einer bestimmten Bewegung gearbeitet. Spielt der Schüler am Ende der Stunde das Stück noch einmal durch, hat sich vieles quasi schon „von alleine" zum Positiven verändert. Natürlich verwende ich nicht immer eine komplette Unterrichtseinheit dafür. Es geht mir darum dem Schüler zu einer neuen Erfahrung zu verhelfen. Dafür reichen manchmal auch fünf oder zehn Minuten.

„Das Eisen schmieden, solange es heiß ist", bedeutet andererseits für mich auch, dass der Schüler ein Stück, das er sehr gerne mag, solange und so oft spielen darf wie er möchte. Meine Schwester, sie ist Montessori-Pädagogin, klärte mich neulich über die sog. sensiblen Phasen auf. Kinder, die für gewisse Zeit an einer bestimmten Sache, in diesem Fall an einem Stück, interessiert sind, können sich solange damit beschäftigen, bis sie gesättigt sind. Bei diesem „Wiederholungszwang" handelt es sich um den inneren Drang sich immer wieder einer geliebten Tätigkeit oder Erfahrung hinzugeben. Erlischt das Interesse, ist etwas Neues dran. Spielen Sie mit einem Schüler sein Lieblingsstück, auch wenn es in Ihren Augen als abgeschlossen gilt. Auch hier „badet" der Schüler in Erkenntnis. Er will seinen Erfolg genießen. Solche Lieblingsstücke verwende ich z. B. zum Einspielen oder als Abschlussstück.

Zum „Eisen-Prinzip" gehört schließlich noch das Ausnutzen von geglückten Zufallsprodukten. Vielleicht haben Sie hin und wieder schon einmal erlebt, dass ein Schüler wie aus heiterem Himmel etwas, womit er sonst Probleme hat, plötzlich richtig ausführen kann. Dabei kann es sich z. B. um eine bestimmte klangliche Qualität oder einen Rhythmus handeln. In so einem Fall hake ich sofort ein und stabilisiere diesen positiven Istzustand, indem ich den zufälligerweise (oder endlich) „gefallenen Groschen" ins Bewusstsein rücke, festige und evtl. sogar noch darauf aufbaue. Ansonsten verflüchtigt sich diese gute Phase möglicherweise wieder. Wer weiß, ob man in der nächsten Stunde wieder so einen günstigen Ansatzpunkt findet? Machen Sie den Schüler darauf aufmerksam, dass er soeben etwas Wichtiges entdeckt hat, und schmieden Sie mit ihm das Eisen, solange es noch heiß ist.

Der Spaß muss das Tun bestimmen.
Reinhold Messner

Der Spaßfaktor

Am Anfang meiner Unterrichtskarriere wollte ich jeden Schüler zu einem guten Flötisten ausbilden. Abgesehen davon, dass das natürlich utopisch ist, kommt es den meisten Schülern gar nicht so sehr darauf an, gut zu spielen, sondern Spaß dabei zu haben. Steht andauernd der Leistungsaspekt im Vordergrund, verliert der Schüler irgendwann die Lust. Die wenigsten Hobbymusikanten wollen sich stundenlang mit technischen Übungen quälen. Vergessen Sie bitte nicht, dass nur ein geringer Prozentsatz an Instrumentalschülern beruflich eine musikalische Laufbahn anstrebt. Wir Lehrer können nicht einfach unseren gesamten Unterrichtsstil an einer Minderheit Übereifriger und Hochbegabter ausrichten. Das Ziel muss sein, dass jeder Schüler die Gelegenheit bekommt sich im Rahmen seiner Möglichkeiten auszudrücken und weiterzuentwickeln. Der Lehrer ist dabei der Unterstützer, der Helfer und der Wegbereiter. Wir können dem Schüler Unannehmlichkeiten und anstrengende Phasen nicht ersparen. Das ist auch gar nicht sinnvoll. Aber ihm Lasten aufzubürden, die er nicht tragen kann und will, ist genauso verkehrt.

Viele Schüler bemerken außerdem ihre technischen und musikalischen Schwächen gar nicht und selbst wenn sie diese kennen, leiden sie nicht notwendigerweise darunter. Der Lehrer ist in der Regel derjenige, den die schlechten und falschen Töne stören. Dem Schüler ist die musikalische Kreativität an sich wichtiger als die Qualität des Spiels. Nun könnte man einwenden, dass der Lehrer ja dazu da ist Fehler zu erkennen und bei der Korrektur behilflich zu sein. Das ist im Prinzip richtig, nur darf dadurch nicht die Freude am Musizieren verloren gehen. Natürlich wissen auch die weniger begabten Schüler spätestens dann, wenn sie andere besser spielende Schüler hören, wo sie stehen. Bei vielen kann das eigene Unvermögen irgendwann auch dazu führen, dass sie frustriert die Segel streichen. Wer dauernd viel Aufwand betreiben muss und trotzdem relativ wenig erreicht, verliert die Lust. Mein eigenes Klavierspiel verdeutlicht mir das immer wieder. Ich brauche überdurchschnittlich lange, bis ich ein neues Stück beherrsche. Flötespielen liegt mir einfach viel besser und macht mir folglich auch mehr Spaß.

Man muss genau wissen, was man mit einer Unterrichtsstunde bezwecken will und auch, dass es mindestens fünf oder sechs Arten gibt – und noch mehr -, ein Ziel zu erreichen. Man muss vorausplanen, aber auch offen sein für neue Möglichkeiten, die sich während der Stunde ergeben können.
Gerda Alexander

Planloser Unterricht?

Offen gesagt bin ich kein Freund von detaillierter Unterrichtsplanung. Das heißt nicht, dass ich mir keine Gedanken über Inhalte und Ziele mache, im Gegenteil. Ich überlege mir sehr genau, was ich wie in welchem Zeitraum mit dem jeweiligen Schüler erreichen möchte, aber das ist für mich nur eine ungefähre Orientierung. Ich baue mir ein grobes gedankliches Gerüst und die feine Ausarbeitung überlasse ich dem Unterrichtsprozess. Die Erfahrung hat mich gelehrt, dass Flexibilität wichtiger ist als planmäßiges Vorgehen. *„Ich versuche, Techniken zu vermeiden, die vorfabriziert sind, und arbeite am besten, wenn ich zulasse, dass sich meine Entscheidungen spontan aus den Erfordernissen der unmittelbaren Situation ergeben. [...] Mir kommt es darauf an, dass der Ablauf jeder Therapie aus kleinen und großen spontan entstandenen Reaktionen und Techniken besteht, die sich unmöglich im Voraus programmieren lassen.“*[12] Diese Aussage stammt von dem erfolgreichen amerikanischen Psychotherapeuten und Buchautor Irvin D. Yalom; sie lässt sich genauso gut aufs Unterrichten übertragen.

Mein Unterrichtsplan entsteht sozusagen während des Unterrichtens. Oft habe ich Pläne und Vorstellungen im Kopf, die im realen Unterricht nicht funktionieren. Ich höre mir an, wie der Schüler spielt, greife ein Problem heraus und arbeite mit dem Schüler daran. Nicht selten komme ich dann vom Hölzchen aufs Stöckchen und am Ende des Unterrichts wird mir klar, dass mein ursprünglicher Plan für den Mülleimer bestimmt ist, weil ich „unterwegs“ Baustellen entdeckt habe, die ich vorher gar nicht kannte.

Im instrumentalen Lernprozess gibt es selten gerade Wege, die schnurstracks zum Ziel führen. Umwege, Stolpersteine und Hindernisse müssen in Kauf genommen bzw. aus dem Weg geräumt werden. Instrumentalunterricht ist nichts für Schreibtischtheoretiker. Man kann unmöglich alle Even-

[12] *Yalom, Irvin D.:* Der Panama-Hut oder Was einen guten Therapeuten ausmacht. Goldmann Verlag, München, 2002. S. 49.

tualitäten im Voraus erkennen und beim Planen berücksichtigen. Das ist und bleibt Wunschdenken. Ein Schüler ist kein Automat, den man mit vorgefertigten Daten füttert und am Ende kommt dann ein bestimmtes Ergebnis heraus. Für Unterrichtsanfänger und Instrumentalpädagogik-Studenten ist es jedoch wichtig, sich ausführlich (auch schriftlich) über den Unterrichtsablauf Gedanken zu machen. Ist man noch unsicher, kann nicht alles dem Zufall überlassen werden. Die Planung sollte sich aber nicht nur auf die (Reihenfolge der) Unterrichtsinhalte beziehen, sondern vor allem auch auf die Vorgehensweise. Die Vermittlung der einzelnen Lernfelder ist das Schwierige beim Unterrichten. Wie verschaffe ich dem Schüler ein Erfolgserlebnis? Welche Methode greift bei welchem Problem? Das kann man nur zum Teil lernen und vorausplanen. Das flexible Reagieren während des Unterrichtsprozesses ist eine Kunst. Die Entwicklung eines Schülers lässt sich nicht vorausberechnen wie die nächste Mondfinsternis. Niemand weiß, was ein Schüler aus dem macht, was ihm „verabreicht" wurde. Auch wenn man seine „Schäfchen" noch so gut kennt, gibt es immer wieder „Wundertüten", die die gesamte Unterrichtsplanung über den Haufen werfen. Bei Studenten erlebe ich es häufig, dass sie sich bei Lehrproben stur an die Vorgaben ihres Unterrichtsplanes halten und sämtliche Hinweisschilder links und rechts übersehen.

Das strikte Einhalten des Unterrichtsplanes garantiert nicht automatisch einen Unterrichtserfolg, weil sich die Dinge oft anders entwickeln als man denkt. Ich möchte das an einem Beispiel verdeutlichen: Angenommen, der Lehrer hat sich die Erarbeitung eines bestimmten Stückes oder Teile daraus in einer Unterrichtsstunde vorgenommen. Schon nach den ersten Takten zeigt sich jedoch, dass ein technisches oder gestalterisches Problem auftaucht, das die Erarbeitung des Stückes sehr behindert. In diesem Fall ist es wichtiger, dieses Problem anhand der ersten Takte gründlich anzugehen, als darauf zu beharren die ganze Seite nur oberflächlich zu besprechen. Qualität geht vor Quantität. In diesem Fall muss der Schüler so weit gebracht werden, dass er das, was er anhand dieser ersten Takte gelernt hat (z. B. ein bestimmtes Rhythmusgefühl oder eine bestimmte tonliche Qualität oder eine wesentliche Charaktereigenschaft des Stückes usw.) auf das ganze Stück oder möglicherweise sogar auf mehrere (gleichartige) Stücke übertragen kann. Dieses Arbeiten am Kern des Problems ist langfristig gesehen günstiger. Der Schüler kann vielleicht erst einmal nicht so viele Noten spielen, aber das, was er kann, macht er besser und darauf kommt es an. Wie kann ich dem Schüler die Einstudierung des Stückes erleichtern? Wie verschaffe ich ihm ein Erfolgserlebnis, das er mit nach Hause nimmt? Das sind Dinge, die nicht planbar sind, weil es schwer einzuschätzen ist, was der Schüler gerade in dieser Stunde abliefert.

Wenn du ein Schiff bauen willst, dann rufe nicht die Menschen zusammen, um Holz zu sammeln, Aufgaben zu verteilen und die Arbeit einzuteilen, sondern lehre sie die Sehnsucht nach dem großen, weiten Meer.
Antoine de Saint-Exupéry

Üben: Sinnvoll statt stupide

Dass auch das Üben geübt werden muss, ist keine Neuigkeit. Je jünger der Schüler, desto eher hat die Unterrichtsstunde den Charakter einer Übestunde. Instrumentalschüler im Grundschulalter sind einfach noch sehr unselbständig und sollten, sofern dies zeitlich möglich ist, zwei- bis dreimal pro Woche Unterricht erhalten. Auch die verstärkte Einbeziehung der Eltern in den Unterrichtsprozess ist in diesem Alter sinnvoll. Dieses Üben im Unterricht ist oft bis in die Pubertät hinein noch nötig. Mit der Zeit muss der Schüler aber alleine zurechtkommen und das Einteilen und „Kleinschneiden" der Lernportionen selbst übernehmen. Es darf keinesfalls der Eindruck entstehen, dass er sich deswegen den häuslichen Übestress sparen kann, weil der Lehrer mit ihm in der Stunde das Stück einstudiert. Ein Schüler, der sich an „Serviceleistungen" gewöhnt hat, sieht keine Veranlassung die Verantwortung für den Lernerfolg mitzutragen.

Drücken Sie dem Schüler nicht einfach ein neues Stück in die Hand. Oft stöhnen meine Schüler, wenn sie mehr schwarz als weiß vor sich sehen, was ihnen bevorsteht. Viele Stücke sehen schwieriger aus, als sie tatsächlich sind. Der Schüler weiß das nicht und wird zunächst einmal durch das Notenbild abgeschreckt. Ich spiele ein neues Stück immer vor oder lasse den Schüler eine Aufnahme anhören. Dann greife ich das einfachste Element oder eine andere sinnvolle Einheit beispielhaft aus dem Stück heraus und übe es ganz kurz mit ihm ein. Als Nächstes entwerfe ich einen Schlachtplan, d. h., ich erkläre ihm, wie er die einzelnen Schwierigkeiten bewältigen kann. Danach entspannen sich meist die Gesichtszüge und er kann sich zuversichtlich ans Werk machen. Mir ist es wichtig, den Schüler mit dem Gefühl aus dem Unterricht zu entlassen, dass er erstens voraussichtlich in der Lage ist das Stück zu meistern, und zweitens weiß, wie er vorgehen muss.

Da das Üben nicht nur reines Vergnügen, sondern auch Arbeit ist, hat der Schüler ein Recht darauf zu erfahren, wozu die Schinderei gut ist und wie das angestrebte Ziel erreicht werden kann. Dazu muss vor allem bei technischen Übungen erst einmal die „Sinnfrage" geklärt werden. Alles, was in Richtung Anstrengung geht, macht ein durchschnittlich motivierter Schüler nur, wenn er weiß, wofür. Angenommen, wir würden dem Schüler für jede geübte Tonleiter zehn Euro in die Hand drücken, dann bräuchten wir uns um die Schülermotivation keine Sorgen mehr zu machen. Da die meisten Instrumentalpädagogen unterbezahlt sind und sich derartige pädagogische Maßnahmen auf Dauer nicht leisten können, müssen wir uns andere Anreize überlegen. Dieses abwegige Beispiel verdeutlicht immerhin, dass ein Schüler leistungsbereit ist, wenn er belohnt wird. Im Idealfall erkennt der Schüler irgendwann, dass er sich durch die spieltechnische und musikalische Bewältigung eines entsprechenden Stückes quasi selbst belohnt. Sollten seine Mühen tatsächlich einmal bei einer musikalischen Gelegenheit in barer Münze honoriert werden, umso besser.

Nach meiner Erfahrung kann die Notwendigkeit des technischen und musikalischen Übens am besten dadurch verkauft werden, dass vom Zielpunkt, also vom Stück, ausgegangen wird. Wir Lehrer wissen, was und wie geübt werden muss, um dieses oder jenes Stück spielen zu können. Als leidenschaftlicher Musiker zahlt man gerne den Preis des Übens. Der unbedingte Wunsch bestimmte Literatur spielen zu können ist so stark, dass wir die Arbeitsbelastung gerne in Kauf nehmen. Die „Sehnsucht nach dem großen, weiten Meer“ überdeckt die mit dem „Schiffsbau“ verbundenen Unannehmlichkeiten. Schüler, die in einem Chor oder Orchester spielen, kennen diesen Selbstbelohnungseffekt und sind deswegen auch oft im Einzelunterricht motivierter. Die gemeinsame Arbeit an einem Projekt spornt an und lässt die Probenarbeit zu einer notwendigen Nebensächlichkeit verblassen.

Während der Arbeit an einem Stück erkennt der Schüler selbst, was ihm noch fehlt. Dieses „Scheitern am Objekt“ hilft mehr als tausend plausible Begründungen. Plötzlich sieht er ein, dass er noch am Ton, an der Fingertechnik, an der Atmung oder was auch immer arbeiten muss, um das angestrebte Ziel zu erreichen. Voraussetzung dafür ist natürlich, dass der Schüler das Stück überhaupt spielen will.

Da ich beim Unterrichten oft unter Zeitdruck stehe, weil die mir zur Verfügung stehende Unterrichtszeit viel zu knapp bemessen ist, bleibt mir ohnehin meist nichts anderes übrig, als einzelne Elemente aus dem jeweilig gespielten Stück herauszugreifen und technisch zu bearbeiten. Diese direkte, konkrete Verbindung von Musikstück und Spieltechnik überzeugt auch Technikmuffel und führt zu einer verstärkten Übebereitschaft.

Unterrichtsinhalte

Literaturauswahl

Es ist eines der schwierigsten Dinge beim Unterrichten, passende Stücke für den jeweiligen Schüler zu finden: Es passiert schnell, dass sich ein Schüler über- oder unterfordert fühlt. Beides ist, zumindest langfristig gesehen, ungünstig. Bei Schülern, die ich von anderen Lehrern übernehme, erlebe ich es häufig, dass diese in der Tendenz eher überfordert wurden, v. a., wenn sie begabt sind. Häufig wird dann der zweite Schritt vor dem ersten gemacht. Ist das Fundament nicht stabil genug, rächt sich das manchmal erst später. Ein Beispiel dafür ist das Überblasen bei der Querflöte. Überbläst ein Anfänger zu früh in die 2. Oktave, ist es schwierig die dabei möglicherweise entstehenden tonlichen Mängel später wieder auszumerzen.

In der Regel genügt eine neue Anforderung pro Stück, z. B. ein neuer Ton, ein neuer Rhythmus oder eine neue Artikulationsart. Die meisten Schüler sind überfordert, wenn sich ein Problemberg zu sehr anhäuft. Ein guter Test, um den passenden Schwierigkeitsgrad herauszufinden, besteht darin, den Schüler das neue Stück schon im Unterricht vom Blatt spielen zu lassen. Bewältigt er das gut, ist das Stück zu einfach. Kann er keinen Takt spielen ohne ständig zu stolpern, ist es zu schwer. Im Zweifelsfall wird dem Schüler eben versuchsweise ein Stück ausgehändigt. Ich habe mich schon mehrmals im Schwierigkeitsgrad vergriffen, vor allem bei Schülern, die ich noch nicht so lange im Unterricht hatte. Da musste ich gelegentlich Experimente abbrechen, weil das Stück zu schwer, zu leicht oder einfach unpassend war. Niemand muss sich bei mir durch ein ungeeignetes Stück durchquälen, es gibt für jeden Geschmack und jedes Niveau genügend Alternativliteratur. Aus Motivationsgründen muss manchmal zu Stücken gegriffen werden, die unterhalb des eigentlichen Schülerniveaus liegen. Dies ist z. B. dann sinnvoll, wenn man lange Zeit an einem „schweren Brocken" gearbeitet hat. Wählen Sie zum Ausruhen ein ansprechendes Stück, bei dem schnell „Land in Sicht" ist.

Für die meisten Schüler ist das Instrument eine angenehme Freizeitbeschäftigung. Deshalb sollten möglichst nur solche Stücke erarbeitet werden, die den Schülerohren zusagen. Natürlich kann man als Lehrer nicht immer einen Volltreffer landen und immer nur Stücke aussuchen, die dem Schüler zu 100 Prozent gefallen, aber im Großen und Ganzen sollte man sich nach dem Geschmack des Schülers richten. Dann ist er motiviert und das ist zunächst einmal das Wichtigste. Das gilt besonders dann, wenn der Schüler selbst ein Stück auswählt, das er gerne spielen möchte. Die berühmte „Badinerie" aus der h-Moll-Suite von J. S. Bach ist ein Beispiel hierfür aus der Flötenliteratur. Dieses Stück ist außerordentlich beliebt bei meinen Schülern. Da es selbst für Fortgeschrittene schwer zu spielen ist, biete ich es von mir aus selten an. Aber erstaunlich viele kennen das Stück und wollen es unbedingt spielen. In so einem Fall bremse ich den Schüler nicht aus. Die Motivation ist in diesem Fall wichtiger als die mangelhafte Spielqualität aufgrund des zu hohen Schwierigkeitsgrades. Ich bin immer wieder freudig überrascht, wie konsequent sich Schüler durch Stücke durchkämpfen, die sie unbedingt spielen möchten. Dadurch können erstaunliche Fortschritte erzielt werden, auch wenn die Interpretation noch zu wünschen übrig lässt. Kann der Schüler das Stück jedoch partout noch nicht spielen, weil es „drei Nummern zu groß" ist, gebe ich ihm trotzdem die Noten, versuche Teile daraus mit ihm einzuüben oder vereinfache das Stück so, dass er es spielen kann (viele Verlage bieten mittlerweile auch vereinfachte Fassungen von beliebten „Klassikern" an). Nur in Ausnahmefällen vertröste ich auf später. Da ist es immer noch besser den Schüler selbst herausfinden zu lassen, dass das Stück zu schwer ist. Eine meiner Klavierschülerinnen wollte unbedingt „Für Elise“ spielen. Das ist neben der „Ballade pour Adeline“ und dem „Flohwalzer“ sicherlich eines der meistgeliebten Stücke bei Klavierschülern. Mir war klar, dass sie spätestens beim Mittelteil Schwierigkeiten bekommen würde, weil sie damit überfordert war. Ich habe den Anfang mit ihr eingeübt und nach zwei Wochen hat sie selbst eingesehen, dass es noch zu schwer war und wir haben etwas anderes gespielt.

Passen Sie auf, dass Sie von Schülern nicht ausgetrickst werden. Schüler, denen ein Stück zu schwer erscheint, behaupten gerne, dass es ihnen nicht gefällt. Häufig mögen sie das Stück eben doch, nachdem sie sich durchgebissen haben. Will jemand ein Stück partout nicht üben, obwohl ich es für sinnvoll halte, mache ich kurzen Prozess: Ich suche in meinem eigenen Interesse etwas anderes aus, weil ich es mittlerweile nicht mehr ertragen kann mir wochenlang ungeübte Stümpereien anzuhören. Es ist mir schlichtweg zu anstrengend, dauernd die Unterrichtszeit zu Übezwecken zu verwenden, um ein Stück auf Vordermann zu bringen. Betreiben Sie keinen übermäßigen Energieaufwand um einem Schüler ein Stück schmackhaft zu machen. Sie sind Lehrer und kein Entertainer. Suchen Sie ein anderes, gleichwertiges Stück aus oder verzichten Sie notfalls vorübergehend auf einen Fortschritt des Schülers, wenn er zu sehr auf Ihre Kosten gehen würde.

Mit Stücken aus dem Rock-/Pop- und Musicalbereich können Motivationstiefs z. B. während der Pubertätsphase sehr gut abgefangen werden. Solche Stücke werden in der Regel begeistert aufgenommen. Es gibt im U-Musik-Bereich inzwischen eine Vielzahl mehr oder weniger guter Literatur, mit der Sie Ihre Schüler bei Laune halten können.

Was die Epochen betrifft, so ist es ratsam, sich dem Entwicklungsstand des jeweiligen Schülers anzupassen. Ich finde es äußerst fragwürdig, ob es z. B. gut ist, ein elfjähriges Kind mit einer anspruchsvollen Bach-Sonate zu konfrontieren, nur weil das technisch möglich wäre. Die seelische Reife für das jeweilige Stück ist mindestens genauso wichtig wie die technische Realisierbarkeit. Begabte Schüler imitieren dann zwar brav und lassen sich drillen, aber man hört immer, ob der Schüler das, was er ausdrückt, auch selbst empfindet oder nicht. *„Forciert getriebene Blumen haben keinen Duft [...] Forciert gereifte Früchte verlieren ihren Geschmack“*.[13]

Im Übrigen profitiert der Schüler natürlich auch vom Musikgeschmack des jeweiligen Lehrers. Wenn Sie eine Lieblingsepoche haben, werden Sie naturgemäß entsprechend viele Stücke aus dieser Sparte besitzen und im Unterricht verwenden. Ich vernachlässige z. B. Neue Musik, weil dies nicht meine Welt ist. Achten Sie bei der Literaturauswahl auf Ausgewogenheit und überlegen Sie genau, was zum jeweiligen Schüler passt und was Sie ihm bieten können.

[13] *De Mello, Anthony:* Eine Minute Weisheit. Herder Verlag, Freiburg in Breisgau, 1986. S. 40.

Ausbildung ist das Lernen von Regeln, Erfahrung das Lernen der Ausnahmen.
E. Joseph Cossmann

Der rote Faden: Instrumentalschulen

Inzwischen gibt es für die meisten Instrumente eine Vielzahl von Instrumentalschulen, die im Unterricht verwendet werden können. Ich besitze derzeit ungefähr 20 Flötenschulen, und das ist nur eine kleine Auswahl. Die Aufmachungen sowie die Lerninhalte und Vorgehensweisen haben sich im Vergleich zu früher stark verbessert. Vor ca. 15 Jahren gab es noch wenig kindgerechte, freundlich aufgemachte Schulen. Man musste auf theoretisch aufgebaute Lehrwerke mit tristem Druck und langweiligen Übungen zurückgreifen. Die Musikpädagogik und Instrumentaldidaktik haben gerade in diesem Bereich rasante Fortschritte gemacht. Es gibt schon fast für jeden Schülertyp eine geeignete Schule. Der Handel hält für verschiedene Altersgruppen Schulen mit unterschiedlichen Schwerpunkten bereit (mit CD, Klavierbegleitung usw.). Das Abdecken möglichst vieler Lernfelder und Epochen wird bei den meisten Schulen berücksichtigt. Begünstigt wird der Lernprozess außerdem durch multisensorische Aufgabenstellungen. Das direkte Ansprechen und Einbeziehen des Schülers und ein kleinschrittiges, systematisches Vorgehen sind inzwischen eine Selbstverständlichkeit. Instrumentalschulen sind sehr praktisch: Der Schüler kauft das Buch und der Lehrer arbeitet es mit ihm durch. Die Sache hat natürlich einen Haken: Schulen gehen meist von einem idealen Musterschüler aus. Der ist jedoch die Ausnahme. Das normale ist, dass sich ein Schüler nicht lehrbuchmäßig entwickelt. Die perfekte Schule gibt es also letztlich doch nicht. Da wir Lehrer keine Hellseher sind, kommt es gerade bei neuen Schülern und Anfängern häufig zu Fehleinschätzungen. Trotz reichlich Unterrichtserfahrung weiß man nie genau, welche Fortschritte ein Anfänger in welchem Zeitraum machen wird. Oft stellt sich erst nach einem halben Jahr Unterrichtszeit heraus, welche Schule die Richtige gewesen wäre.

Ein guter Lehrer wird sich nicht an gedrucktes Papier klammern, sondern einfühlsam und flexibel auf die Bedürfnisse des jeweiligen Schülers reagieren. Letztlich muss man für jeden Schüler einen individuellen Lernweg kreieren, ein geeignetes Programm zusammenstellen und entsprechend dem Entwicklungsprozess anpassen.

Ich bin mittlerweile auch sehr skeptisch gegenüber den Schulbuchanweisungen bezüglich Körper-, Instrumenten- und Finger-/Handhaltung sowie Atmung und Ansatz. Nicht weil ich es besser weiß oder unwichtig finde, sondern weil dies Dinge sind, die im realen Unterricht gelernt werden müssen. Ich möchte auch nicht einen Tanzkurs anhand eines Buches absolvieren. Das lebendige Beispiel und die persönlichen Unterweisungen können nicht durch noch so gut gemeinte Erläuterungen und farbige Bildchen ersetzt werden. Ich glaube auch nicht, dass ein Schüler scharf darauf ist Rezepte zu lesen und Anweisungen zu studieren. Er möchte möglichst schnell Töne und viele Lieder spielen können. Eine Schule bleibt daher eben immer auch eine Schule. Lästige Übungen und anstrengende Tonleitern werden nicht dadurch schmackhafter, dass man sie mit lustigen Zeichnungen und flotten Sprüchen überzuckert. Diese Verniedlichung ist oft ein Wolf im Schafspelz. Hinweise, die dem Schüler verdeutlichen sollen, worauf er alles achten muss und was er keinesfalls tun darf, werden nett verpackt und scheinbar nebenbei präsentiert. Der Schüler wird mit witzigen Verbotsschildern, sanften Ausrufezeichen aber eben doch mit erhobenem Zeigefinger durch die Hintertür gegängelt und eingeengt. Er merkt es nur nicht, weil ihm ein süßes Tierchen mittels Sprechblase die nächste Schwierigkeit unterbreitet. Ich bevorzuge Stückesammlungen und Schulen mit möglichst wenig (methodischem) Text und ansprechender Optik. Das Spielen der Stücke ist ja das, worum es dem Schüler eigentlich geht.

Fazit: Eine Instrumentalschule kann eine gute Orientierungshilfe und ein hilfreicher Leitfaden sein. Schulen inspirieren, liefern neue Ideen und können die Suche nach dem eigenen Stil am Anfang der Unterrichtskarriere unterstützen. Deshalb ist es sehr empfehlenswert sich erst einmal am „Schulbuchseil" entlang zu hangeln. Dazu ist es notwendig, die wichtigsten Schulen zu kennen, sie kritisch zu analysieren und vor allem auf ihre Praxistauglichkeit zu überprüfen.

Das Problem mit dem Rhythmus

Vor ein paar Monaten sah ich im Fernsehen eine Dokumentation über ein Ehepaar, das zwei Kinder aus Jamaika adoptiert hatte. Ich erinnere mich an eine eindrucksvolle Szene, in der die Mutter das etwa einjährige Kind auf dem Arm hält und sich mit ihm rhythmisch zu südamerikanischer Musik bewegt. Die geschmeidigen, federnden, lockeren Bewegungen des Kindes haben mich sehr beeindruckt. So etwas habe ich bei einem europäischen Kind noch nie gesehen. Offenbar haben Naturvölker (z. B. auch afrikanische Trommler) den Rhythmus im Blut. Wir zivilisierten Europäer wirken dagegen fast steif und körperfeindlich. In unserer Musikausbildung wird zwar die Verbindung von Körper, Bewegung und Rhythmus erkannt, jedoch viel zu wenig praktiziert und „gelebt". Sonst würden sich nicht so viele meiner Schüler wie Roboter bewegen, wenn ich mit ihnen Rhythmus- und Klatschspiele praktiziere.

Ein Rhythmusproblem kann ganz bestimmt nicht dadurch gelöst werden, dass ein Metronom eingeschaltet und Zahlenkombinationen unter die Noten geschrieben werden. Bei einem Schüler, der prinzipiell rhythmisch sicher spielt und einfach nur eine bestimmte rhythmische Figur nicht verstanden hat, mag das ausreichen. Ansonsten muss bei gravierenden Rhythmusstörungen (ein Großteil meiner Schüler ist wie gesagt davon befallen) immer über den Körper, die Sprache und die Bewegung gearbeitet werden. Beobachtet man professionelle Rhythmiker und Schlagzeuger (z. B. die Gruppen „Stomp" oder „Yamato"), spürt man sofort, dass der Rhythmus etwas ist, was durch den ganzen Körper pulsiert. Deswegen spricht man ja auch von Rhythmusgefühl. Es geht also um ein bestimmtes Feeling, das man entweder hat oder lernen muss.

Das Beheben einer rhythmischen Schwäche braucht viel Zeit, Geduld und einen großen Einfallsreichtum des Lehrers. Ein grundlegendes Problem mit dem rhythmischen Empfinden ist eine weit verbreitete „Zivilisationskrankheit", die nicht über Nacht weggezaubert werden kann. Ich weiß sehr wohl, dass man als Lehrer der Verzweiflung nahe ist, wenn trotz intensiver Bemühungen die rhythmische Präzision zu wünschen übrig lässt. Da sich ein Rhythmusproblem auf den ganzen Vortrag auswirkt, erkennt man manchmal das Stück gar nicht wieder. Es bringt daher bei einem weitgehend unrhythmisch gespielten Gesamtvortrag wenig, einzelne rhythmische Fehler ausmerzen zu wollen.

Ist ein Rhythmusproblem wirklich ein Problem mit dem Rhythmus?

Was meinen wir damit, wenn wir sagen: Der Schüler hat ein Rhythmusproblem? Laut Definition hat ein Schüler dann ein Rhythmusproblem, wenn er kein Gespür für Tonlängenverhältnisse hat. Dies ist jedoch meist nur die Folge eines Problems mit dem Beat.

„Der Beat ist die körperlich spürbare, sich stetig wiederholende, gleichmäßige Teilung von Zeit in der Musik (entspricht den Taktschlägen). Er ist der metrische Hauptimpuls, dessen Geschwindigkeit wir in eine Gehbewegung oder in ein nicht zu schnelles Händeklatschen umsetzen können. Für Drummer und Percussionisten ist der Beat die Urzelle rhythmischen Erlebens und Gestaltens. Er ist das Seil, das uns Musiker/-innen zusammenhält. Dabei muss der Beat nicht durchgehend gespielt werden und nicht immer zu hören sein, und doch muss er in uns weiterschwingen, da er die metrische Basis ist, auf der wir das rhythmische und melodische Geschehen fühlen und begreifen."[14]

Schüler mit Rhythmusproblemen haben kein Gefühl für den Beat. Sie spüren die Taktschläge nicht körperlich und können deswegen den jeweiligen Rhythmus nicht unterordnen. Der innerliche „Sklaventreiber" wird nicht wahrgenommen. Es handelt sich sozusagen um ein Zeitgefühlproblem. Sie spüren nicht, wie groß der zeitliche Abstand von einem Taktschlag zum nächsten ist. Der Körper „weiß" nicht, wann der nächste Taktschlag kommt. Bei langsamen Tempi ist dies besonders schwierig. Hinzu kommt häufig noch die fehlende Empfindung für die Taktschwerpunkte, d. h. es herrscht keine gefühlsmäßige Klarheit darüber, wie viele Beats in einem Takt sind. Diese Orientierungslosigkeit hat zur Folge, dass zum einen die Musik nicht richtig schwingt und zum anderen oft nicht einmal die richtige Anzahl an Tönen pro Takt gespielt wird. Das heißt, es werden selbst bei stimmigen Tonlängenverhältnissen Töne hinzugefügt oder weggelassen, was zur Folge hat, dass Takte verlängert bzw. verkürzt werden. Dies passiert besonders leicht bei Tonwiederholungen. Der Schüler hört in so einem Fall überhaupt nicht, dass er dadurch z. B. aus einem 4/4-Takt einen 5/4- oder 3/4-Takt macht.

Was es wirklich bedeutet, den Beat in sich zu spüren, erlebte ich bei einem Trommelkurs für Laien. Wir spielten einfache Rhythmen auf Djembes und anderen afrikanischen Percussion-Instrumenten. Ich erlebte die unmittelbare Kraft des Beats. Dabei hatte ich so viel Freude am puren Rhythmus, dass ich anspruchsvolle Melodien und spannungsreiche Harmonien gar nicht vermisst habe. Vor allem das Spiel auf tiefen Basstrommeln verankert den Beat im Körper, man fühlt sich geerdet.

Damit wären wir schon beim Kern des Problems: In der klassischen, abendländischen Musik fehlt im Gegensatz zur Rock- und Popmusik und zur Musik anderer Kulturen der penetrante Schlagzeug-Beat, der in Fleisch und Blut übergeht.

In Europa war man mehr den sublimierten, vergeistigenden Mechanismen der Töne zugetan, und Tanz und Perkussions-Instrumente waren, wo Kunstmusik gepflegt wurde, eher die Ausnahme. Die Rhythmik wurde eingeschränkt, sozusagen begradigt; die Trommeln, Zymbeln und Pauken kamen zumeist als negatives militärisch-kriegerisches Element zum Einsatz und werden nicht nur deswegen heute noch herabgewürdigt. Die rhythmisch-musikalischen Einflüsse der großen alten Kulturen auf die junge und rhythmisch zaghafte europäische Kunstmusik des frühen Mittelalters blieben auch nur Randerscheinungen. In Europas Kunstmusik ent-

[14] *Moritz, Ulrich:* Rhythmus zwischen Imitation und Improvisation. In: Üben & Musizieren (Ausgabe 1, 2001). Schott Verlag, Mainz. S. 8.

wickelten sich vor allem die Melodik und die Harmonik, die Melodieführung und der Tonsatz, die Kunst des Kontrapunkts.[15]

Ich erlebe es häufig, dass Schüler zum Teil komplizierte Rhythmen aus dem Rock-/Pop-Bereich einfach deshalb besser bewältigen, weil sie von einem hämmernden Schlagzeug-Beat unterstützt werden. In der klassischen Musik „schwimmen" sie, weil sie die darunter liegenden Taktschläge nicht wirklich in ihrem eigenen Körper spüren.

Daraus folgt, dass Rhythmusschulung unbedingt körperlich erfahrbar sein muss! Wichtig ist dabei, dass der Schüler auch Erfahrungen mit dem Körpergewicht macht (z. B. Armgewicht beim Patschen auf die Oberschenkel). Gewichtserfahrungen erden und schaffen einen vertikalen Bezugspunkt, auf dem sich dann eine (horizontale) Melodie entfalten kann.

Ideal wäre natürlich, wenn jeder Schüler einen guten Rhythmikunterricht absolvieren würde, bevor er zum Instrument greift. Glücklicherweise ist es inzwischen sehr verbreitet Vorschulkinder in die musikalische Früherziehung zu schicken. Ich gebe gerne zu, dass ich die elementare Musikerziehung lange Zeit sehr unterschätzt habe. Inzwischen ist mir klar geworden, dass Defizite im rhythmischen Empfinden durch eine frühe Förderung zumindest abgemildert werden können. Eine gute Frühförderung, die auch noch Freude macht, erleichtert den instrumentalen Einstieg. Ein Kind, das ohne musikalische Vorerfahrungen (Singen, Klatschen usw.) ein Instrument lernen will, muss sonst neben den instrumentenspezifischen Schwierigkeiten auch noch mit melodischen und rhythmischen Basisproblemen kämpfen. Wir Lehrer dürfen nicht vergessen, dass das Instrumentalspiel eine hochkomplexe Tätigkeit ist, auch wenn es auf sehr niedrigem Niveau betrieben wird. Viele Anfänger sind mit den Anforderungen, die das Instrumentalspiel an sie stellt, überfordert, weil elementare musikalische Voraussetzungen fehlen. Jeder Instrumentallehrer tut gut daran, selbst Rhythmikerfahrungen zu sammeln. Dieses Zurückkehren zu den rhythmischen Wurzeln (Bewegung, Sprache, Körper- und Raumwahrnehmung) bereichert den Instrumentalunterricht und hilft uns Lehrern Rhythmusprobleme kreativ zu lösen.

Bodypercussion – der spaßige Weg zum Beat

Der Körper ist die Trommel. Bodypercussion verbessert nicht nur das Rhythmusempfinden, sondern auch die Körperwahrnehmung. Bodypercussion schult außerdem die Koordinationsfähigkeit und fördert die Unabhängigkeit der Extremitäten.

„Im Sitzen und Stehen wird gestampft, geklatscht, gepatscht, geschnippst auf Hüfte, Oberschenkel, Bauch und Brustkorb. Das eigene Entdecken „falscher" Klatscher, Schritte, Silben, das Wiederhineinfinden in den Bewegungsfluss ist ein wesentlicher Lernfortschritt. Bodypercussion nimmt sich die Zeit, in Ruhe den rhythmischen Bewegungsmöglichkeiten unseres Körpers zu lauschen, sie zu verfeinern, sie miteinander zu kombinieren, mit ihnen zu spielen, ihren Ausdruck und ihre Genauigkeit zu steigern.

Unentbehrlich ist für die Erlangung motorischer Unabhängigkeit das Erlernen von Automatismen: Ein Bewegungsablauf wird so lange wiederholt, bis er nur noch unterbewusst gesteuert wird und das Kontrollbewusstsein frei ist für den Einsatz anderer Aktionen."[16]

[15] *Giger, Peter:* Von der Sprache zur Rhythmoglyphe. In: Üben & Musizieren (Ausgabe 1, 2001). S. 16.

[16] *Moritz, Ulrich:* Rhythmus zwischen Imitation und Improvisation. In: Üben & Musizieren (Ausgabe 1, 2001), Schott Verlag, Mainz. S. 9.

Das Problem ist nun, dass das Beat-Gefühl verloren gehen kann, sobald der Schüler wieder mit dem Instrument spielt. Dies ist dann ein Koordinationsproblem: Der Schüler schafft es nicht Beat, Tonproduktion, Finger, Zunge und Musik unter einen Hut zu bringen. Wenn z. B. die Tonansprache schlecht oder die Auge-Finger-Koordination mangelhaft ist, dann kann es sein, dass der Schüler seine ganze Aufmerksamkeit diesen Problemen widmen muss und es als Folge davon zu rhythmischen Verzögerungen kommt, obwohl kein wirkliches Rhythmusproblem (mehr) vorhanden ist. Sobald das Finger- oder Tonproblem gelöst ist, kann er sich wieder dem Beat anpassen. Prüfen Sie genau, ob der Schüler ein echtes Rhythmusproblem bzw. Beat-Problem hat oder ob das Spiel aufgrund eines Ton- oder Fingerproblems unrhythmisch klingt.

Schüler, die Schwierigkeiten mit dem Rhythmus haben, brauchen, wie gesagt, sehr lange, bis sie einen neuen Rhythmus wirklich intus haben. Deshalb sollte eine neue rhythmische Figur anhand möglichst vieler verschiedener Stücke eingeübt werden. Der zweite Band von Horst Rapps „Querflöte lernen mit Spaß“, den es auch für andere Instrumente gibt, bietet sich hier beispielsweise an. Jeder neue Rhythmus wird systematisch mit zahlreichen kurzen und ansprechenden Stücken vermittelt. Das Wiederholen von rhythmischen Figuren in jeweils anderen Zusammenhängen ist für Rhythmusschwache besonders wichtig.

Nun möchte ich noch ein paar Worte über die „Fußarbeit“ verlieren. Für viele ist es Usus die Taktschläge mit dem Fuß mitzuklopfen. Ich beobachte dies oft bei Schülern, die ich von anderen Lehrern übernommen habe. Meines Erachtens sollte der Puls durch Bodypercussion und andere Rhythmus- und Koordinationsübungen soweit im wahrsten Sinn des Wortes verinnerlicht werden, dass der Fuß-Beat während des Spielens, der ja im wesentlichen nichts anderes darstellt als die äußere, sichtbare Bekräftigung des Beat-Gefühls, weitgehend überflüssig wird. Zum Einüben schwieriger Figuren oder als gelegentliche Unterstützung mag es durchaus hilfreich sein, solange man in der Lage ist den Fuß-Beat wieder abzusetzen. Fußgymnastik beim Konzert geht nun wirklich nicht, außer das Konzert findet in einem bayerischen Bierzelt statt. Ich habe viele Jahre in einem Unterrichtszimmer gelehrt, das mit einem Teppichboden ausgelegt war. Klopfserien mit den Füßen konnten zwar ausgeführt, jedoch nicht hörbar gemacht werden. Mittlerweile schlage ich den Beat ab und an mit, wenn ich z. B. während des Zusammenspiels mit dem Schüler keine Hand frei habe, um ihm die Taktschläge auf die Schulter zu klopfen.

Gerade für rhythmisch Begabte sehe ich zumindest, was das penetrante Dauerklopfen betrifft, keinen Sinn darin. Es besteht die Gefahr, dass die Töne entsprechend mit dem jeweiligen Fußschlag betont werden. Dadurch wird die melodische Linie regelrecht zerstückelt. Rhythmisch Unbegabten nutzt das Fußklopfen meist gar nichts, weil ja gerade das ihr Problem darstellt. Sie können eben nicht gleichmäßig klopfen und dazu noch richtig spielen. Das heißt, es muss ohnehin erst einmal das Beat-Gefühl ohne Instrument erworben werden.

Fußklopfen bringt hauptsächlich solchen Schülern etwas, die im Prinzip über ein Beat-Gefühl verfügen, dieses jedoch während des Spielens verlieren, da sie ihre Wahrnehmung auf melodische, tonliche oder fingertechnische Aspekte lenken. Durch den Fuß-Beat erhalten sie dann Orientierung und somit rhythmische Stabilität. Überprüfen Sie jeweils sorgfältig, ob das Fußklopfen wirklich dienlich ist oder ob es eher behindert.

Rhythmusinstrumente

Anstatt nur zu klatschen finde ich es viel besser dem Schüler ein Rhythmusinstrument in die Hand zu drücken. Immer wieder bin ich freudig überrascht, wie viel Spaß es nicht nur Kindern, sondern auch Jugendlichen bereitet ein simples Rhythmusinstrument zu spielen. Im Laufe der Zeit habe ich mich mit allerlei handlichen Geräten, die Krach machen, eingedeckt, z. B. Klanghölzer, Handtrommeln, Caxixis, Rasseln, Kastagnetten etc. Fündig geworden bin ich vor allem in „Dritte-Welt-Läden" und auf Märkten. Dort gibt es relativ billige Rhythmusinstrumente aus natürlichen Materialien. Man kann sich auch aus Alltagsgegenständen selber etwas basteln. Not macht erfinderisch: Beispielsweise habe ich ein Kirschkernkissen entleert und die Kerne in einen verschließbaren Plastikbecher gefüllt, schon hat man eine Rassel. Ein Flötenputzstab kann gut zu einem Schlaginstrument umfunktioniert werden, indem er gegen eine Flasche geschlagen wird. Vielleicht haben Sie schon einmal in öffentlichen Einrichtungen oder Arztpraxen große Wasserbehälter gesehen, an denen sich die Kundschaft kostenlos bedienen kann. Diese Plastikgefäße sind hervorragende Trommeln. Man kann sie z. B. auf den Schoß legen oder zwischen die Knie klemmen und verschiedene Klänge erzeugen, je nachdem, wo man drauf schlägt. Wenn Sie das nächste Mal auf so ein Behältnis stoßen, scheuen Sie sich nicht die Herkunft des Behälters zu erkunden. Vielleicht bekommen Sie ein paar leicht beschädigte „Trommeln" gratis.

Lösung von Rhythmusproblemen, bezogen auf das Stück, das gerade gespielt wird

- Der Schüler singt das Stück oder Teile davon und klatscht oder patscht den Beat.
- Der Schüler spricht den problematischen Rhythmus (mit Text oder mit Nonsens-Silben (z. B. „bah", Taki, Ta Ti-Ti usw.) und klatscht oder patscht den Beat. Hinweis: Wenn dies zu schwer ist, singt bzw. spricht der Lehrer und der Schüler patscht nur. Wenn das Singen noch geübt werden muss, kann der Lehrer dem Schüler den Beat auf die Schulter klopfen.
- Zum Ausschalten eines Fingerproblems: Den Rhythmus des Stückes auf einem Ton spielen (Tönesuchen entfällt).
- Dirigieren und Singen oder Sprechen.
- Der Lehrer spielt das Stück, der Schüler klatscht, patscht oder spielt mit Rhythmusinstrumenten dazu.
- Der Schüler spielt und der Lehrer klopft dem Schüler den Beat auf die Schulter (und zeigt evtl. die Noten rhythmisch mit dem Finger mit).
- Benutzen Sie Sprachrhythmen. Für eine Triole eignet sich beispielsweise das dreisilbige Wort „Ananas". Eine Triole und zwei Achtel ist „An-an-as - Ki-wi" und für vier gleich lange Töne können Sie „Man-da-ri-ne" oder „Scho-ko-la-de" verwenden. Sehr bekannt ist „Am-sterdam" für den punktierten Rhythmus. Ich benutze dafür gerne das Wort „Stol-perstein".

Literaturempfehlung

- *Gerhard Reiter:* Body Percussion 1; Rhythmisches Basistraining & Percussion-Arrangements; Edition Helbling, Innsbruck, 1998
- *Metzger/Häublein/Pöppel/Frech-Hirschler:* Der Globetrotter, Eine Reise durch die Rhythmen; Edition Conbrio, Regensburg, 2000
- *Metzger/Häublein/Pöppel:* Rhythmisch fit - mach mit! Edition Conbrio, 2003
- *Jürgen Zimmermann:* Juba - Die Welt der Körperpercussion; Fidula-Verlag.

Und wenn der Lehrer die Schwierigkeiten des Schülers nicht mit dem eigenen Körper erfasst, wird er ihm nicht helfen können. Er kann Gründe und theoretische Erklärungen für seine Probleme anführen, aber der einzige Weg, die Bedürfnisse des Schülers wirklich zu verstehen, besteht darin, mit seinem Körper, mit seinen Blockierungen zu kommunizieren.
Gerda Alexander

Die Arbeit mit dem Körper

In den letzten Jahren hat es im Bereich Körperarbeit bei den Musikern einen regelrechten Boom gegeben. Lange Zeit war die Alexandertechnik die einzige Methode, die von Musikern in Anspruch genommen wurde. Inzwischen gibt es an vielen Musikhochschulen musikphysiologische Vorlesungen und physiotherapeutische Präventionsmaßnahmen. Das Interesse am eigenen Körper und die körperliche Ursachenforschung bei Spielproblemen hat eindeutig zugenommen. Es wird höchste Zeit, dass Musiker sich Gedanken über ihre Körperhaltung und ihre Bewegungsabläufe machen. Wie soll man bitte schön z. B. als Bläser einen guten Unterricht machen, wenn man keine Ahnung hat von den Zusammenhängen zwischen Körperhaltung, Atmung und Tonproduktion?

Auch wenn musikalisch alles funktioniert, gehört Körperbewusstsein bzw. Körperschulung in jeden guten Unterricht. Das bedeutet nicht, dass Atem-, Haltungs- und Bewegungsübungen in jeder Stunde vorkommen müssen, sondern meint ein grundsätzliches Wissen um unseren musikalischen Körper und die Körperlichkeit der Musik.[17]

Mein „Steckenpferd" ist die Atmung. Seit meiner Diplomarbeit hat mich dieses Thema nicht mehr losgelassen. Im Laufe der Jahre habe ich alle möglichen Methoden ausprobiert, die das Körperbewusstsein und damit die Atmung verbessern. Mein Blickwinkel beim Unterrichten hat sich durch diese Erfahrungen sehr verändert. Ich höre nicht nur darauf, was der Schüler nicht kann, sondern untersuche seine physiologische Strategie. Wie steht er sich körperlich selbst im Wege? Bestimmte Dinge können so wie der Schüler sie macht nicht funktionieren, auch dann nicht, wenn er es noch mal zehn Stunden auf diese Art übt. Ich kann jedem Instrumentallehrer nur dringend ans Herz legen, sich mit körperorientierten Verfahren zu beschäftigen. Denn bevor man am Schüler herumexperimentiert, muss man erst einmal selbst Erfahrungen sammeln. Ein Lehrer, der sich intensiv mit dem Zusammenhang Körper - Instrument auseinandergesetzt hat, wird sensibler für Dysfunktionalitäten. Er kann körperliche Blockaden des Schülers besser aufspüren und nachempfinden.

[17] *Rüdiger, Wolfgang:* Vom Glanz des Unterrichtens - Tipps für eine gute Stunde. In: Üben & Musizieren (Heft 1, 2001). S. 38.

Jede Steifheit in irgendeinem Gelenk zwischen Fingerspitze und Schulter ist eine Feder außer Dienst, die die Übertragung von Energie hemmt. Die Federn können, was die Festigkeit betrifft, gelegentlich sehr stramm angespannt werden, sie dürfen jedoch niemals völlig unelastisch werden.[18]
Ivan Galamian

Fingerspitzengefühl

Das Üben von Tonleitern und fingertechnischen Übungen ist ein selbstverständlicher Bestandteil des Instrumentalunterrichts. Jeder klassische Profimusiker hat während der Instrumentalausbildung stundenlang Tonleitern, Dreiklänge und Etüden in allen Variationen geübt. Es leuchtet ein, dass eine fingertechnische Sicherheit zumindest in den geläufigsten Tonarten das Einstudieren der tonalen Literatur erleichtert. Leider sind Schüler, die gerne Tonleitern üben, so selten wie die „Blaue Mauritius". Ich frage mich allerdings, ob das wirklich ein Problem darstellt. Was soll das bringen, wenn ein Schüler sämtliche Tonleitern und Dreiklänge mit tausend Verkrampfungen spielen kann? Hat er da wirklich etwas gelernt? Oder hat er sich vielleicht nicht nur ein paar Blockaden antrainiert. Gut, ich gebe zu, dass ich nichts gegen eine fehlerfreie Darbietung einer Tonleiterübung habe. Trotzdem bin ich der Meinung, dass schlampige, unsaubere, verkrampft zusammengeschusterte Bewegungsabläufe die technische Sicherheit eher verringern. Oder wie viele Schüler haben Sie, die ihre Technik von Anfang an, wie man so schön sagt, locker, präzise und gleichmäßig spielen? Nicht einmal die Tatsache, dass ein Schüler gleichmäßige Tonleitern spielen kann, ist ein Garant für ein stabiles Technikfundament. Fatalerweise kann man trotz Verkrampfungen bis zu einem gewissen Beschleunigungsgrad relativ gleichmäßig spielen. Jenseits dieser Grenze versagen die Kontroll(spannungs)mechanismen. Das Tempo kann, wenn überhaupt, nur noch auf Kosten der Gleichmäßigkeit erhöht werden. Fordert man den Schüler dann auf lockerer zu spielen, lässt er komplett los und verliert damit jegliche Kontrolle. Man braucht eben eine gewisse (Körper)spannung. Die Frage ist, wie viel und an welcher Stelle. Diese Kraftdosierung einerseits und der Spannungsausgleich andererseits sind eine diffizile Arbeit und kein sportliches Ausdauertraining. Das Aufspüren und Reduzieren von Blockaden im Schulter-, Ellbogen- und Handgelenksbereich erfordert detektivisches Geschick und Fingerspitzengefühl.

Fingerfertigkeit und Geläufigkeit ist nicht nur eine Frage der Quantität; lieber weniger Technik, dafür gründlich. Wenn man Tonleitern und Technik vom Schüler verlangt, muss dies mit dem Schüler im Unterricht so geübt werden, dass klangliche und bewegungsökonomische Gesichtspunkte berücksichtigt werden, und zwar in der Weise, dass der Schüler das gute Körper-/Bewegungsgefühl und den guten Klang nach und nach zu Hause wieder finden und stabilisieren kann. Sobald ein Schüler schnelle Noten sieht, bleiben der Klang und die Luftführung häufig auf der Strecke. Deswegen verwende ich im Unterricht meist genauso viel Zeit für die klanglichen Aspekte einer Tonleiter wie für die fingertechnischen. Das Austüfteln der Luftführung bei Bläsern für die diversen Artikulationsformen ist im Instrumentalunterricht ein zeitaufwändiger Balanceakt. Dabei kann sich im Nachhinein sogar herausstellen, dass die fingertechnische Bewältigung der jeweiligen Tonleiter ein vergleichsweise geringfügiges Problem darstellt.

[18] *Schnack, Gerd:* Gesundheitsstrategien beim Musizieren. Urban & Fischer Verlag, München/Jena, 2000. S. 76.

Meine Devise lautet daher: So wenig Technik wie möglich, so viel wie nötig. Wohlgemerkt, ich spreche vom Durchschnitts-Musikschul-Schüler ohne professionelle Ambitionen. Damit der Schüler einigermaßen motiviert an die Techniksache herangeht, muss er ganz konkret wissen, warum er eine bestimmte Übung spielen soll. Das habe ich bereits bei „Üben - Sinnvoll statt stupide" erwähnt. Versteht der Schüler nicht, warum es sinnvoll ist eine cis-Moll-Tonleiter zu üben, ist er weniger motiviert.

Ich bin mittlerweile dazu übergegangen einzelne Griff- bzw. Fingerkombinationen (sowohl ohne als auch mit Tonproduktion) mit den Schülern im Unterricht zu üben. Ich achte auf die Arm- und Handhaltung und darauf, dass das Hochheben der Finger aus dem Fingergrundgelenk heraus geschieht und dass dieses Hochziehen einen stärkeren Impuls bekommt als das Niederdrücken. Das feste (Zu)Greifen mit der Hand ist uns vertrauter und gelingt uns daher leichter als das Hochziehen der Finger. Das Wegziehen muss daher mehr geübt werden. Das langsame, dehnende Öffnen der Handflächen (mit anschließendem Lockerlassen) hat schon bei einigen festen „Zugreifern" zu Muskelzittern geführt! Um das offene Raumgefühl in der Hand zu erhöhen, übe ich manchmal mit Schülern Griffverbindungen auf einem dicken Bambusrohr.

Dann suche ich Stücke aus, bei denen dem Schüler bestimmte technische Probleme „untergejubelt" werden. Er übt dann seine Technik in der Literatur. Darüber hinaus habe ich ein Repertoire von Fingerübungen ohne Instrument für die Sensibilisierung der Fingerspitzen und für die Unabhängigkeit der Finger. Bei Tonleiterübungen arbeite ich wie gesagt viel am Klang, am Zusammenspiel von Körperhaltung, Stütze, Zunge und Fingerbewegung sowie an der musikalischen Phrasierung.

Die Zukunft des Geigers ruht sozusagen auf seinen Füßen.
Yehudi Menuhin

Alles Gute kommt von unten

Eine Störung, die in der Peripherie auftritt, muss deswegen noch lange nicht dort behandelt werden. Feinmotorische Defizite sind oft die Folge von Körper-/Instrumentenhaltungsproblemen. Mangelhafte Stabilität in der unteren Körperhälfte wird mit Spannungen im Oberkörper kompensiert. Blockaden im Handgelenk, Ellbogen und Schulterbereich verhindern reibungslose Fingerbewegungen. Wenn die Gesamtkörperhaltung ungünstig ist, müssen der Schultergürtel und damit auch die Arme zu viel Haltearbeit leisten. Als Folge davon wird die Beweglichkeit der Finger eingeschränkt. Die Arbeit an der Fingertechnik muss daher streng genommen bei den Füßen anfangen. Da dies, unabhängig vom Instrument, von allgemeiner Bedeutung ist, möchte ich kurz darauf eingehen.

Wenn wir eine gerade Haltung einnehmen wollen, denken wir normalerweise als Erstes an die Streckung des Oberkörpers und vergessen dabei, dass die menschliche Aufrichtung viel weiter unten anfängt und das Instrument eigentlich „mit den Füßen" getragen wird. Diese Erkenntnis hat mir eine Bewegungstherapeutin mitgeteilt, nachdem ich ihr von meinem Schulterproblem berichtet hatte. Dass ein stabiler Unterbau mindestens die halbe Miete in punkto Aufrichtung darstellt, ist zumindest für die Asiaten keine Neuigkeit. Im Tai-Chi und Chi-Gong sowie bei den asiatischen Kampfsportarten ist die sog. Erdung eine wichtige Voraussetzung für innere und äußere Stabilität. Auch in der Dispokinesis, einer Bewegungslehre, die von dem Physiotherapeuten van de Klashorst begründet wurde, spielt der sog. Bodenkontakt eine große Rolle im Zusammenhang mit der Aufrichtung. In der Tat sind die Füße der einzige Kontakt, den wir beim stehenden Instrumentalspiel mit dem Boden haben. Mit den Füßen stemmen wir uns kraftvoll gegen die Schwerkraft. Oder etwas weniger aktiv „aus der Sicht des Bodens" ausgedrückt: Die Erde trägt uns, wir können und sollten unser Körpergewicht dem Boden anvertrauen. *„Die reflektorische Aufrichtung, die von Geburt an vorhanden ist, wird von den Fußsohlen, die das Körpergewicht tragen, ausgelöst. Beim Aufrichtungsreflex arbeitet der Widerstand gegen die Schwerkraft von gleicher Stärke wie das Körpergewicht, aber von entgegengesetzter Ausrichtung. Beim Sitzen wird der Reflex von den Sitzbeinen ausgelöst."*[19]

Probieren Sie doch mal die folgenden Übungen aus: Stellen Sie sich im Stehen (die Füße sind parallel und etwa hüftbreit auseinander) vor, sie wollten ein Blatt Papier vom Boden aufsaugen. Der Fuß spannt sich leicht an und das Fußgewölbe hebt sich ein wenig vom Boden ab. Es ist dabei wichtig, dass nur der Fuß in sich verkürzt wird. Die Zehen bleiben dabei gestreckt. Diese „Kurze-Fuß"-Übung nach Prof. Janda kann man noch mit der zusätzlichen Vorstellung verstärken, dass die Füße ein Handtuch, auf dem sie stehen, nach rechts und links außen glatt ziehen. Die Knie sind dabei locker gestreckt, d. h., sie sind nicht durchgedrückt, aber auch nicht gebeugt, sondern in einer flexiblen Mittelstellung. Während der Übung drehen sich die Kniescheiben ganz leicht nach außen und im Idealfall setzt sich dieser Fußdruck reflexartig nach oben fort und wirkt sich auf die Beckenstellung aus. Das Becken richtet sich auf, eine Hohlkreuzhaltung wird verhindert. Helfen kann dabei noch zusätzlich die Vorstellung, dass die Pobacken mehr zusammenkommen bzw. dass sich die Sitzknochen einander annähern. Die Pomuskulatur muss dabei nicht angespannt werden. Oft vertieft sich durch diese einfache Übung die Atmung und man bekommt eine Ahnung vom Zusammenhang Atmung – Haltung. Diese Übung kann natürlich auch während des Spielens praktiziert werden. Mir reicht mittlerweile die Vorstellung, dass dieselbe Kraft, die ich für den Luftdruck benötige, gleichsam als Gegendruck in den Boden hineingeht. Ich drücke mich quasi innerlich vom Boden weg.

Die **Igelballübung** habe ich zum ersten Mal in einer Logopädiestunde praktiziert. Damals konnte ich mir überhaupt nicht vorstellten, was eine Fußübung mit meiner Stimme zu tun haben soll. Diese Übung stammt ursprünglich aus der „Eutonie"[20] und wird üblicherweise mit einem Tennisball ausgeführt. Ich nehme lieber einen sog. Igelball (in der Drogerie oder im Sanitätshaus erhältlich), weil dieser besser nachgibt als ein (harter) Tennisball. Allerdings sind die Gummistacheln des Igelballes nicht jedermanns Sache. Probieren Sie aus, welches Material Sie bevorzugen. Wichtig ist, dass der Ball genug Widerstand bietet, aber andererseits auch nicht zu hart ist.

[19] *Violeta Hemsy de Gainza:* Annäherung an die Eutonie. Gespräche mit Gerda Alexander, 2003. S. 91/92.

[20] Eutonie ist ein westlicher Weg zur Erfahrung der körperlich-geistigen Einheit des Menschen. Die Bezeichnung „Eutonie" – von griechisch eu = wohl, recht, harmonisch, und tonos = Spannung – wurde 1957 für diese Schulung geprägt. In der Eutonie werden die im Allgemeinen unwillkürlich wirkenden Regulierungen des Tonus und des vegetativen Spannungsgleichgewichtes bewusst beeinflussbar. Dies geschieht anfangs durch Schulung der Oberflächen- und Tiefensensibilität. Dadurch wird es möglich, „Dystonien" aufzuheben und so über die Harmonisierung der Körperspannungen zu einem optimalen Spannungsgleichgewicht zu gelangen: zur Eutonie der Gesamtpersönlichkeit. (Quelle: Gerda Alexander: Eutonie – Ein Weg der körperlichen Selbsterfahrung. Kösel-Verlag, 1976. S. 15 und 16.)

Und nun die Übung: Legen Sie einen kleinen Ball Ihrer Wahl unter den rechten oder linken Fuß (der Fuß mit dem Ball ist etwa eine Fußlänge vor dem anderen). Nehmen Sie Kontakt mit dem Ball auf, indem Sie ihn unter ihrem Fuß herumrollen. Kneten Sie den Ball mit dem Ballen und der Ferse. Spüren Sie das Fersenbein bzw. den Vorderfuß. Platzieren Sie irgendwann den Ball bequem unter ihrem Fuß und verlagern Sie Ihr Gewicht etwas nach vorne, so dass der Ball zusammengedrückt wird. Die Ferse des anderen Fußes hebt sich dabei etwas vom Boden ab. Lassen Sie wieder los, so dass der Ball wieder rund wird. Geben Sie ihr Gewicht durch das Bein „in den Boden" ab. Sie brauchen den Ball nicht mit Kraft zusammenzudrücken. Das Körpergewicht reicht völlig aus. Atmen Sie beim Zusammendrücken aus und lassen Sie beim Zurückfedern die Luft wieder einströmen. Als Bläser kann man die Übung gut mit dem Instrumentalspiel verbinden. Blasen Sie Töne, während Sie den Ball zusammendrücken und lassen Sie die Luft wieder herein, wenn Sie zurückfedern. Dadurch verlagert sich der Stützdruck automatisch weiter nach unten. Der Ansatz und überhaupt der Oberkörper werden entlastet. Spüren Sie ein wenig nach, bevor Sie zum anderen Fuß wechseln. Vergleichen Sie gefühlsmäßig den bearbeiteten mit dem unbearbeiteten Fuß. Meist fühlt sich der bearbeitete Fuß etwas größer, flacher, leichter oder schwerer an.

Die armen Arme

Wenn die Haltearbeit des Instruments nur dem Schultergürtel und den Armen überlassen wird, entsteht folgendes Problem: Schulter- und Armmuskeln, die eigentlich für die Bewegung der Arme zuständig sind, müssen halten; dadurch werden Gelenke blockiert. Schulter-, Ellbogen-, Hand- und Fingergelenke sind nicht mehr „durchlässig". Die Beweglichkeit der Finger ist eingeschränkt, weil mit zu viel Kraftaufwand gearbeitet wird. Die Spannung muss aus der Peripherie herausgenommen und in die Mitte verlagert werden. Die Wirbelsäule ist die zentrale Achse, der stabile, und gleichzeitig bewegliche Mast. Wenn die Stabilität nicht mehr aus dem Axisorgan aufrechterhalten werden kann, wird in der Peripherie kompensiert. Susanne Klein-Vogelbach, eine Krankengymnastin, die für ihre Forschungen den Ehrendoktor in Medizin erhielt, hat sich intensiv mit der Körperhaltung auch im Zusammenhang mit dem Instrumentalspiel beschäftigt. Das Credo ihrer Funktionalen Bewegungslehre ist die dynamische Stabilisation der Brustwirbelsäule[21]. Die Brustwirbelsäule ist ein beweglicher, stabiler Klötzchenturm, an welchem der Brustkorb und die Arme dranhängen. Dieser Turm darf sich beispielsweise bei der Ausatmung nicht nach vorne unten beugen und bei der Einatmung wieder strecken.

[21] „Dynamische Stabilisation" der Brustwirbelsäule bedeutet: 1. Ankommende Bewegungsimpulse unterschiedlichster Art aus der Peripherie werden gestoppt. 2. Die Nullstellung der Wirbelsäule (aufrechter Stand, die Füße stehen unter den Hüftgelenken, Becken, Brustkorb und Kopf sind in die Körperlängsachse eingeordnet, die Arme hängen neben dem Körper, die Daumen weisen nach vorn) wird alternierend von verschiedenen Muskeln stabilisiert. 3. Die Intensität der Muskelaktivität wechselt ständig. (Quelle: *Klein-Vogelbach/Lahme/Sprigi-Gantert:* Musikinstrument und Körperhaltung. Springer Verlag, Berlin, Heidelberg, 2000. S. 38 und S. 399.)

Die dynamische Stabilisation der Brustwirbelsäule in Nullstellung ist unabdingbar für den Musiker beim Instrumentenspiel. Nur dann funktioniert die normale Atmung unabhängig von der Einwirkungsrichtung der Schwerkraft, und der Musiker kann die Geschicklichkeitsmuskulatur (tiefliegende Muskulatur um ein Gelenk, die die Zentrierung der Gelenkpartner gewährleistet.) der Arme und Hände für seine anspruchsvollen, differenzierten manuellen Aktivitäten optimal nutzen .[22]

Im Instrumentalspiel gibt es keine starren, „richtigen“ Haltungen.
Haltung muss immer durch Bewegung „umspielt“ werden.
Gerhard Mantel

Im Reich der Mitte

Grundsätzlich geht es nie um eine starre, festgelegte Haltung, sondern um das Ausbalancieren des Gleichgewichts. Wir kreisen um unsere Mitte mit feinen Bewegungen. Ähnlich wie bei einem Stehaufmännchen, das immer wieder die Mitte sucht. *„Der Körper befindet sich so in einem dauernden labilen Gleichgewicht, das nie einen stabilen Endzustand darstellt, sondern immer nur in Bereitschaft zu weiterem kontinuierlichem Gleichgewichtsausgleich ist. […] Die Information einer Muskulatur, die dauernd ihre Länge und Spannung ändert, ist um ein Vielfaches präziser als die von unbewegten Muskeln und Gelenken. „Haltung“ ist, so gesehen, ein Sonderfall von Bewegung, da beide von der Muskulatur bestimmt werden. Bewegung durchläuft Haltungen.“*[23] Mit dem sog. Schwingen nach Schlaffhorst-Andersen kann man sich gut mittig einpendeln: Man lässt im Stehen den Körper über die Fußgelenke vor- und zurückschwingen. Ist der Ausschlag zu groß, muss automatisch die Beinmuskulatur angespannt werden, sonst fällt man um. Mit der Zeit findet man heraus, wie weit man vor- und zurückschwingen kann ohne sich muskulär anzustrengen. Dieser kleine Spielraum ist unsere Mitte. Wichtig ist, dass wirklich der Körper als Ganzes bewegt wird. Der einzige Knickpunkt sind die Fußgelenke. Es darf also beim Vorschwingen nicht die Hüfte nach vorne geschoben werden und/oder der Oberkörper nach hinten ausweichen. Das Ausweichen des Oberkörpers nach hinten passiert z. B. oft beim Hochnehmen des Instruments. Hier gilt es, sich nach vorne oben auszurichten, während das Instrument hochgenommen wird. Da Arme und Schulter eine Einheit bilden, möchte ich noch kurz auf die Schulter eingehen.

Problemzone Schulter

Die Haltungskrankheit Nummer eins ist das Hochziehen der Schultern. Der Schulterbereich ist ausgesprochen anfällig für subtile Verspannungen. Der schlichte Aufruf die Schultern abzusenken nützt nicht viel, weil viele gar nicht merken, dass sie diese überhaupt hochziehen. *„Es bringt nichts,*

[22] *Klein-Vogelbach/Lahme/Sprirgi-Gantert:* Musikinstrument und Körperhaltung. Springer Verlag, Berlin, Heidelberg, 2000. S. 38 und S. 398.

[23] *Mantel, Gerhard:* Einfach üben. Schott Verlag, Mainz, 2004. S. 68 und S. 88.

wenn man einem Schüler sagt, ob er verspannt ist oder nicht, solange er nicht erfahren hat, was Körperspannung ist.“ [24]

Mir hat es in diesem Zusammenhang sehr geholfen, mich mit den Schulterblättern zu beschäftigen. Ich „denke“ meine Armbewegungen immer von den Schulterblättern aus. Wenn ich mir vorstelle, dass beim Hochnehmen des Instruments die Schulterblattspitzen nach unten außen gehen, passiert es gar nicht, dass ich die Schultern hochziehe, weil sich in meiner Vorstellung im Rücken etwas nach unten außen bewegt. Die Schulterblätter stellen jeweils eine Art flächigen Scheibenwischer dar, der auf dem Brustkorb hin- und hergleitet. Der Bewegungspädagoge Eric Franklin empfiehlt in seinem Buch „Entspannte Schultern“ sich die Schulterblätter als „Rucksack“ vorzustellen, der hinten runterhängt. Ergänzend hilft das Bild zweier Luftballone, die vorne an den Schlüsselbeinen hängen und dieselben nach oben ziehen. Franklin nennt das „schwebende Schlüsselbeine, fallende Schulterblätter“. Studieren Sie die Schulterblattbewegungen am „lebenden Objekt“. Ich verwende dazu immer das „Armloslassen“ aus der Alexandertechnik. Der Schüler sitzt aufrecht auf einem Hocker. Fassen Sie mit der rechten Hand das rechte Handgelenk des Schülers und führen Sie den Arm langsam in verschiedene Richtungen (nach oben, nach außen, kreisend). Tasten Sie mit der anderen Hand den inneren Rand des dazu gehörigen Schulterblattes und verfolgen Sie seine Bewegungen, während Sie den Arm führen. Der Schüler sollte sein ganzes Armgewicht an Sie abgeben. Falls das nicht gelingt, pendeln Sie den Arm (Ober- und Unterarm bilden in diesem Fall einen rechten Winkel) leicht hin und her, schütteln sie den Arm ein wenig oder nehmen Sie selbst die Schülerposition ein. Trägt der Schüler Ihr Armgewicht, bekommt er ein Gefühl für die Schwere des Armes. Machen Sie dasselbe mit der linken Seite.

Bei Bläsern ist das Schulterproblem zusätzlich an den Atemapparat gekoppelt. Selbst wenn das Hochnehmen des Instruments noch ohne Schulterhochziehen klappt, wird meist während der Einatmung der Schultergürtel ein wenig Richtung Ohren gezogen. Das Fatale ist, dass das Hochziehen der Schulter das Gefühl vermittelt mehr Luft zu bekommen, obwohl dies de facto nicht stimmt. Das Weiten der unteren Brustkorböffnung bei der Lufteinströmung und das Schmälerwerden des Brustkorbes während des Blasens vollziehen sich ohne Beteiligung des Schultergürtels. Der Schultergürtel liegt wie ein Röntgenbleimantel auf dem Brustkorb. Quasi unterhalb dieses „Umhangs“ weitet und verengt sich der Brustkorb. Gleichzeitig strebt die Wirbelsäule vor allem bei der Ausatmung nach hinten oben Richtung Decke und die Sitzhöcker nach hinten unten Richtung Ferse.

Sie merken vielleicht schon, dass ich im Zusammenhang mit der Körperhaltung gerne Vorstellungsbilder verwende. Wesentlich umfangreichere Informationen zu diesen Themen erhalten Sie aus folgenden Büchern, die ich Ihnen sehr ans Herz legen möchte:

- *Bernard/Stricker/Steinmüller:* Ideokinese. Ein kreativer Weg zu Bewegung und Körperhaltung. Verlag Hans Huber, Göttingen, 2003.
- *Franklin, Eric:* Entspannte Schultern, gelöster Nacken. Kösel Verlag, München, 2004.
- *Calais-Germain, Blandine:* Anatomie der Bewegung: Technik und Funktion des Körpers. Fourierverlag, Wiesbaden, 2002. (In diesem Buch werden u. a. die Bewegungsrichtungen der Schulterblätter ausführlich beschrieben.)

[24] *Violeta Hemsy de Gainza:* Annäherung an die Eutonie, Gespräche mit Gerda Alexander, S. 40.

Die „Ängste“ der Finger

Bei der Blasinstrumenten-Fingertechnik spreche ich immer von den zwei „Ängsten“ der Finger. Die Finger brauchen sozusagen die gesamtkörperliche Gewissheit sich frei bewegen zu dürfen, ohne dass etwas passiert. Die erste „Fingerangst“ bezieht sich auf das Tragen bzw. Halten des Instruments: Müssen die Finger beim Spielen das Instrument festhalten, damit dieses nicht herunterfällt, ist deren Beweglichkeit eingeschränkt. Jeder Finger, der vom Instrument weggenommen wird, gefährdet dann sozusagen die sichere Instrumentenhaltung. Das spüren die Finger und klammern sich folglich krampfhaft an das Instrument. Alle Finger, die irgendwelche Klappen betätigen, müssen demnach von Haltearbeit weitgehend befreit werden. Das geht wiederum nur, wenn andere körperliche Möglichkeiten für den Haltungsaufbau und damit für die Stabilisierung des Instruments zur Verfügung stehen, sodass das Instrument letztlich eben getragen und nicht (fest)gehalten wird. Eine sichere, lockere, freie und präzise Fingertechnik basiert immer auf einer günstigen, gut ausbalancierten Körper-/Instrumentenhaltung und auf einer ökonomischen Kraftverteilung.

Die zweite „Fingerangst“ hat mit der Blasluft zu tun und bezieht sich auf die Trennung von Luft- und Fingerdruck. Ist der Luftdruck zu schwach, steigt automatisch bei vielen die Spannung im Oberkörper. Fehlende Stützkraft wird häufig durch allerlei „Aktivitäten“ im oberen Rumpfbereich ausgeglichen. Eine Kompensationsleistung ist immer die „verzweifelte“ Antwort auf eine unausgewogene Gesamtkörperspannung. Sehr häufig sind Verspannungen am Ansatz, im Phonationsbereich (Hals, Zunge) und eben auch in der Hand. Das läuft meist unbewusst und blitzschnell ab. Der Schüler geht in diesem Fall irrtümlich davon aus, dass er durch festeres Drücken mit den Fingern auf die Klappen die Tonansprache erleichtern, den Luftdruck erhöhen oder die Tonqualität verbessern kann. Dieser überflüssige Kraftaufwand reduziert natürlich die Beweglichkeit der Finger und ist nur dann gerechtfertigt, wenn die Polster unter den Klappen kaputt sind und deswegen das Bohrloch nicht sauber abgedeckt wird. Das ist jedoch ein anderes, instrumentenbedingtes Thema. Ansonsten kann der konstante Blasdruck, der selbstverständlich auch bei schnellen (Legato-)Passagen erforderlich ist, natürlich nicht durch Fingerdruck ersetzt werden. Im Gegensatz zu den Tasten- und Zupfinstrumenten sind die Finger beim Blas -und Streichinstrumentenspiel nicht direkt an der Tonproduktion beteiligt. Das heißt, die Finger müssen sich unabhängig vom Blasdruck und im Übrigen auch von der Luftmenge frei bewegen können. Bestimmt haben Sie bei Ihren Schülern schon einmal beobachtet, dass eine höhere Lautstärke zu mehr und eine geringere Lautstärke zu weniger Fingerdruck führt. Die Finger sind aber sozusagen immer piano, auch wenn forte gespielt wird.

Auch die Gleichmäßigkeit bei Läufen hängt nicht nur von den Fingern ab: Ich beobachte oft, dass ein Schüler Läufe oder Sechzehntelketten deswegen ungleichmäßig spielt, weil die Luftzufuhr nicht konstant ist. Die entsprechende Passage „eiert“, weil die zur Verfügung stehende Luftmenge ungleichmäßig, d. h. mal mit schwachem, dann wieder mit stärkerem Druck auf die Töne verteilt wird. Das ist dann zunächst einmal ein klangliches und atemtechnisches Problem. Als Folge dieses Problems erhöht sich jedoch meist auch der Fingerdruck (s. o.), d. h., die Beweglichkeit wird eingeschränkt, die Finger „rutschen weg“, es fehlen Töne bei schnellen Läufen usw. Man muss genau hinhören und hinschauen, ob wirklich die Finger als solche sich unkoordiniert bewegen oder ob ein Stützproblem dahintersteckt.

Die berühmteste Übung zur Beseitigung des Ungleichmäßigkeitsproblems ist die Rhythmisierung. Technische Passagen mit diversen Punktierungen und anderen rhythmischen Varianten zu üben ist sicher hilfreich und hat sich bewährt. Die Finger werden „sortiert“ und die rhythmische Hörwahrnehmung wird auf unterschiedliche Schwerpunkte gelegt. Das ist aber wie gesagt nur eine „Therapiemöglichkeit“, die nur dann greift, soweit es sich um ein reines Fingerproblem handelt. Das weit verbreitete Problem des Spielens mit zu viel Fingerdruck und zu wenig Luftdruck wird dabei nicht berücksichtigt. Anhand dieses Beispiels lässt sich gut erkennen, dass ein Fingerproblem nicht notwendigerweise über die Finger gelöst werden muss. Ich kann gut verstehen, dass es leichter ist, dem Schüler einen Stapel Übungen und Etüden in die Hand zu drücken und ihn zum Üben aufzufordern, als sich mit ganzkörperlichen Zusammenhängen auseinanderzusetzen.

Rendezvous mit dem Pianisten und Klavierpädagogen Stephan Kaller

An dieser Stelle folgt nun ein Interview mit dem Pianisten und Klavierpädagogen Stephan Kaller.[25] Uns verbindet nicht nur eine jahrelange Freundschaft, sondern auch eine gemeinsame Unterrichtsphilosophie. Ähnliche Auffassungen über instrumentalpädagogische Themen und zahlreiche Übereinstimmungen in Bezug auf den instrumentalen Lernprozess führten immer wieder zu langen, anregenden Gesprächen über das „Wie“ des Unterrichtens. Daraus entstand der Gedanke, wesentliche Erkenntnisse aus dem Unterrichtsalltag in Form eines Interviews zusammenzufassen. Dieser Ausflug in die Klaviermethodik soll auch gewissermaßen einen Ausgleich für meine etwas „bläserlastigen“ Beispiele schaffen.

Elke Gallenmüller: Du hast einmal gesagt, dass du deine entscheidenden Erkenntnisse erst beim Meisterklassenstudium gewonnen hast. Was waren das für Erfahrungen? Worin genau unterscheidet sich das Alte vom Neuen?

Stephan Kaller: Für die Meisterklasse an der Würzburger Musikhochschule konnte ich zu Prof. Arne Torger wechseln - ein begnadeter Pädagoge -, der meine Spieltechnik von Grund auf veränderte. Er lehrte mich, anstelle von Krafteinsatz das Armgewicht zu spüren und es - je nach Lautstärke

[25] *Stephan Kaller*, geb. 1957, studierte an der Würzburger Musikhochschule bei Prof. Julian von Karolyi und Prof. Arne Torger. Nach Konzertexamen und Meisterklassendiplom im Fach Klavier sowie dem Schulmusikexamen folgte die Teilnahme an Meisterkursen bei Adam Harasiewicz (Chopin-Interpretation), Norman Shetler (Liedbegleitung), Werner Genuit (Kammermusik), Klaus Runze (Klavierpädagogik) u. a.
Konzertreisen führten u. a. nach Island, Italien, Rumänien, Österreich und in die Slowakei, wo er als Solist, Kammermusiker und Liedbegleiter auftrat. Seit 1984 ist er Dozent für Klavier und Klaviermethodik an der Berufsfachschule für Musik des Bezirks Schwaben in Krumbach und übernahm Lehraufträge an den Hochschulen für Musik in Würzburg und Augsburg.

und Geschwindigkeit – beim Spielen dosiert auf den Fingern abzustützen. Allein dadurch spürte ich bereits eine große Erleichterung, denn das ständige Festhalten vor allem in Schultern, Ellbogen und Handgelenken wurde überflüssig und die chronischen Spannungen und Schmerzen, an die ich mich schon fast „gewöhnt" hatte, verschwanden nach und nach. Torger übte mit mir darüber hinaus, unterschiedlich klingende Fingertechniken zu benutzen: z. B. stabil stützende Finger bei Akkorden und Tremoli, aktive Finger bei Skalen, greifende Finger bei Arpeggien und abspringenden Akkorden, leicht von oben fallende Finger beim Dolce und Leggiero, flach und weich aufsetzende Finger beim Espressivo, um einige zu nennen. Ich erfuhr zum ersten Mal von zusammenfassenden Armbewegungen, von der Bedeutung der Sitzweise, vom „Extrovertieren" meiner Klangvorstellung. Entscheidend war für mich das Entdecken des Zusammenhangs zwischen physischer Bewegung und klanglichem Ergebnis, sowie die damit verbundene Selbstwahrnehmung. Ich konnte mich durch die Auflösung der Blockaden in Muskeln und Gelenken und der chronisch gespannten Einheitstechnik dem Instrument, dem Werk und meinen musikalischen Intentionen ganz anders öffnen und verlor die quälende körperliche Distanz zwischen mir und dem Instrument immer mehr.

E. G.: Inwieweit fließen diese Veränderungen in deinen Unterricht mit ein?

S. K.: Dazu will ich etwas ausholen: Als ich zu Prof. Torger wechselte, war ich bereits 24 Jahre alt und hatte gerade das Konzertexamen absolviert. Wegen meiner ständigen Verspannungen und mangelnder Erfolgserlebnisse beim Üben hatte ich einen jahrelangen Leidensdruck hinter mir und war hoch motiviert für eine gründliche Revision meiner Spieltechnik. Trotzdem: Der Weg der o. g. Veränderungen war mühsam und es erstreckte sich über Monate, neue Bewegungsautomatismen zu entwickeln und die alten über Bord zu werfen. Aber aufgrund meines Alters und meiner Neugierde konnte ich das alles bewusst erleben und wollte in allen Einzelheiten wahrnehmen, wie die Wege von ungünstigen zu geeigneten Techniken sich anfühlten, aussahen und wie die Ergebnisse klangen. Ich lernte am eigenen Leib, dass eine Klärung des körperlich-technischen Verhältnisses des Spielers zum Instrument und zur jeweils zu interpretierenden Passage einen wesentlichen Teil des Klavierunterrichts bestimmen sollte, denn die Konsequenzen auf die Identität zwischen Spieler, Instrument und Werk sind enorm. Zu Beginn meiner eigenen Unterrichtstätigkeit versuchte ich nun zu lernen, aus der Lehrerperspektive bei meinen Schülern ggf. ähnliche Probleme mit Augen und Ohren wahrzunehmen und mich quasi in ihr „Spielgefühl" hineinzuversetzen. Mein Ziel wurde, fortgeschrittenen Klavierspielern (Schülern, Studenten, Kollegen) aus unbequemen und fatalen Spieltechniken, Spannungen und Schmerzen herauszuhelfen und sie bei der Entwicklung gesunder und wohl klingender Spieltechniken zu begleiten. Ich arbeite mit ihnen in einer Weise, die manchmal mehr an die Arbeit eines Physiotherapeuten oder Körpertechnikers erinnern mag als an die eines Klavierlehrers. Es geht dabei um o. g. Spieltechniken und die dafür nötigen Bewegungsvorgänge, Haltungsfragen, Körperstatik, Konsistenz der Finger, Sitz, Armführung, Eliminierung ungünstiger Bewegungsmuster etc., immer in Zusammenhang mit den damit verbundenen klanglichen Konsequenzen. Bei guter, geduldiger Mitarbeit von Schülerseite haben sich später in spieltechnischem Gelingen, körperlichem Wohlbefinden und klanglich-interpretatorischer Hinsicht oftmals deutliche Verbesserungen gezeigt.

E. G.: Worauf legst du beim Unterrichten besonderen Wert?

S. K.: Auf einen „ganzheitlichen" Weg, der den ganzen Körper, die ganze Person des Schülers einbezieht. Um ein Beispiel zu nennen: Es nützt m. E. relativ wenig bzw. kann sogar Schaden anrichten, dem Schüler bei unrhythmischem Spiel immer gleich ein Metronom hinzustellen. Es kann zwar dann sinnvoll und nötig sein, wenn ein bestimmter Rhythmus prinzipiell nicht verstanden wurde, um langfristig nicht aus dem Tempo zu geraten oder auch um zu spüren, wie viel Agogik man sich innerhalb der Taktschläge leisten kann. Aber sehr häufig stimmt der Rhythmus deshalb nicht, weil jemand seine Bewegungen nicht metrisch geordnet organisiert. Rhythmus ist Bewegung und Bewegung ist Technik. Das heißt, ich muss als Lehrer dem Schüler vermitteln, zunächst einmal seine grobmotorischen Armbewegungen so zu „sortieren", dass sie zu dem verlangten und hoffentlich gespürten Rhythmus mit den darin zurückzulegenden Entfernungen passen - ohne Festhalten, ohne unnötigen Krafteinsatz, ohne überflüssige Bewegungen, dem inneren rhythmischen Gespür folgend. Das fällt vielen ungemein schwer, weil sie ihre Spielweise unter Umständen über viele Jahre auf der Basis festgehaltener Arm- und Handgelenke trainiert und so ihr momentanes Können erreicht haben. Damit ist aber ein rhythmisch exaktes Spiel kaum möglich. Man würde also mit einem in dieser Situation - also zu früh - eingesetzten Metronom nur ungeeignete, chaotische oder gar barbarische Spieltechniken dressieren. Wenn Arme und Hände aber einmal von Blockaden befreit sind, reguliert sich oftmals das rhythmische Geschehen weitgehend von alleine. Das ist immer wieder ein für Schüler und Lehrer beglückender Augenblick und zeigt, dass der Schüler vielleicht rhythmisch nicht halb so unbegabt ist, wie es vorher den Anschein hatte. Ähnliche Erfahrungen habe ich z. B. auch mit der Arbeit an der Melodik gemacht. Wenn der Schüler eine ausdrucksvoll und singend zu spielende Oberstimme im langsamen Satz einer Mozart-Sonate oder einem Chopin-Nocturne nur kalt oder hölzern realisiert, heißt das für mich noch nicht, dass er „unmusikalisch" ist oder „das Gefühl für diese Musik nicht hat". Ich versuche dann - manchmal hartnäckig - an die subjektive, private Emotionalität des Schülers zu appellieren, die leider oft ganz abgetrennt von der realen Spielsituation ist und vom Schüler - zumindest während des Spielens - vielleicht schon lange nicht mehr wahrgenommen wurde. Dann suchen wir eine Übe- und Spieltechnik, die dieser Empfindung entspricht und dem interpretatorisch-stilistischen Anspruch der betreffenden Passage gerecht wird. Die Entwicklung einer geeigneten Übetechnik ist also bereits Teil einer Interpretation. Manchmal dauert es lange, bis wieder eine Verbindung zwischen persönlicher Emotion und konkretem, feinmotorischem Handeln hergestellt ist.

E. G.: Was ist deiner Meinung nach das Wesentliche beim Unterrichten?

S. K.: Ich glaube nicht, dass es so etwas wie „Das Wesentliche" gibt. Es scheint mir eine Lebensaufgabe zu sein, als Lehrer immer mehr und immer früher zu begreifen, was für den individuellen Schüler in der jeweiligen Situation gerade wichtig ist, was er als erstes/nächstes für seine Ziele und die Verwirklichung seines Potentials braucht, in welcher Reihenfolge ich vorgehe, wie ich innerhalb einer begrenzten Ausbildungszeit am wenigsten Zeit verschwende. Das muss ständig neu hinterfragt werden (und ist dann besonders schwierig, wenn man z. B. wegen bevorstehender Prüfungen unter Zeitdruck steht und die eigentlich notwendigeren methodischen Schritte unter- bzw. abbrechen muss). Hat beispielsweise ein Klavierspieler Probleme, die äußerst empfindlichen, feinen Tonleiter- und Arpeggien-Passagen in einer Mozart-Sonate mit der nötigen Gleichmäßigkeit zu gestalten, ist es vielleicht wesentlich angebrachter, an der Technik des Daumenuntersatzes und einer gleitenden Armführung zu arbeiten, als dem Schüler nur Vorträge über die Ästhetik bei Mozart zu halten; denn ein mehr oder weniger „stolpernder" Daumenuntersatz ist sehr häufig für Ungleichmäßigkeiten beim Spiel der Wiener Klassik verantwortlich. Oftmals habe ich es erlebt, dass danach ein viel fließenderes, gleichmäßigeres jeu perlé möglich war und der Schüler sich der Ästhetik Mozarts ganz anders öffnen konnte. Das ist nur ein Beispiel. Es zeigt aber, dass oft ungeahntes Potential auch in einem Spieler steckt, der in seinem Spiel deutliche Schwächen hat. Es gibt also für mich eigentlich nicht „Das Wesentliche" beim Unterrichten, sondern Fragen wie „Was ist jetzt gerade wichtig?" Was hindert den Schüler noch an der Ausschöpfung weiterer Möglichkeiten? Werden seine Phantasien, Klangvorstellungen, Emotionen, Energien und interpretatorischen Möglichkeiten evtl. durch ungeeignete Haltungen, Bewegungen oder Spieltechniken ausgebremst? Die sensible Wahrnehmung dafür sollte in der Ausbildung zum Instrumentalpädagogen viel besser geschult werden. Das ist nicht leicht, aber wir können hier auch sehr viel lernen, z. B. von den Alexandertechnikern, Feldenkraislehrern und anderen Körpertechnikern.

E. G.: Du unterrichtest hauptsächlich fortgeschrittene Schüler. Welche „Klavierkrankheiten" diagnostizierst du am häufigsten?

S. K.: In unterschiedlicher Ausprägung - von ansatzweise bis bestürzend - beobachte ich am häufigsten eine unstabile, im Rücken durchhängende Sitzweise, eine x-mal unterbrochene Statik im Verhältnis Füße - Becken - Rücken - Schulter - Armteile - Hand - Finger und die damit verbundenen Konsequenzen: gespannte oder zu lasche Handgelenke, zu feste oder zu lasche Fingerglieder, manchmal unfassbar stark angespannte Ellbogen, sichtbar hochgezogene oder unsichtbar innerlich festgehaltene Schultern; chaotische Daumenuntersätze mit einem regelrechten Wirrwarr an Blockaden, Bremsen und überflüssigem Geschlenker der Hand, ein viel zu großer Kraft- und Druckeinsatz, der sich noch gegen die o. g. Blockadepunkte durchsetzen muss („Gas" und „Bremse" werden sozusagen gleichzeitig betätigt), das Schlagen und Pressen auf die Tasten (anstelle einer dosierten Gewichtsstütze) und damit eine Überforderung der Finger als feinmotorische, aktive Endpunkte des technischen Geschehens. (Ähnlich wie etwa die Stimmbänder bei Sängern nicht mit einer Energieproduktion überfordert werden dürfen, die eigentlich von anderen Körperregionen ausgehen muss.) Viele dieser Schwierigkeiten scheinen aber - auch beim Klavierspielen - oft auf einer gestauten Atmung zu beruhen. Diese kann nach meiner Beobachtung in einer direkten, fatalen Kette von einer Spannung des Zwerchfells und der Zwischenrippenmuskulatur (manchmal ist der gesamte Brustkorb kontrahiert) auch zu entsprechenden Spannungen des Schulterbereichs, der Arm- und Handgelenke sowie der Finger mit quälenden Schmerz- und Überforderungssymptomen führen. Gestaute Atmung heißt aber doch: Angst, Erfolgsdruck, Ungeduld.

E. G.: Was verstehst du unter sog. Kontrollspannungen und warum fällt das Weglassen so schwer?

S. K.: Wir müssen unterscheiden zwischen Spannungen, die wir brauchen und auch bewusst einsetzen können (ein spannungsvolles Espressivo kann nicht mit einem „lockeren" Finger erzeugt werden) und solchen, die uns ungewollt begleiten. Und wir müssen unterscheiden zwischen einer bewussten Kontrolle, die über das Ohr läuft und uns metrisch, rhythmisch, klanglich und interpretatorisch das Gehörte mit unserer Klangvorstellung vergleichen lässt, und denjenigen Kontrollen, die uns in Form von gestauter Atmung und o. g. Blockaden das Leben schwer machen. Wir spüren sie und können sie trotzdem nicht loslassen. Warum? Weil wir innerlich/unbewusst befürchten, dass dann gar nichts mehr geht: Wir haben vielleicht unsere Spieltechnik, unseren Fortschritt, unseren jetzigen Stand auf der Basis dieser o. g. Spannungen aufgebaut und wissen intuitiv, dass unser ganzes Spielsystem zusammenbrechen würde, wenn wir sie aufgäben. Der mangelnde Halt in den Fingern würde uns in der Peripherie einsacken und „davonflutschen" lassen, wenn wir den Atem und die Armgelenke wirklich lösten und während des Spiels gelöst ließen. Wir würden also die Kontrolle verlieren.

Gerade sehr weit Fortgeschrittene lässt die Scheu davor, einsehen zu müssen, dass ihre Spieltechnik gründlich „überholt" werden müsste und evtl. sogar ein Neubeginn nötig wäre, lieber in solchen Kontrollspannungen verharren und die Einschränkungen in Kauf nehmen. Die Verdrängung geht manchmal so weit, dass Spieler diese Spannungen überhaupt nicht mehr wahrnehmen.

E. G.: Inwieweit hemmen Spannungen im Schulter-, Ellbogen- und Handgelenksbereich den musikalischen Ausdruck?

S. K.: Claudio Arrau sagte einmal in einem Fernsehinterview (sinngemäß): „*... wenn auch nur ein einziges Gelenk auf dem Weg von Schultern zu Fingern unter (ungewollter) Spannung steht, ist der Fluss unterbrochen.*" Irgendwie wissen wir das alle, und doch scheint es sehr schwer zu sein, danach zu handeln. Wenn ich einen bestimmten Ausdruck realisieren will, müssen Arme, Hände und Finger das auch tun dürfen und nicht durch eine (im wahrsten Sinne des Wortes) angezogene Handbremse daran gehindert werden. Es ist also regelrecht „unsinnig" so zu spielen, und dennoch ist ein großer Teil von uns Klavierspielern in irgendeiner Weise davon betroffen. Noch unsinniger ist es natürlich, ein solches Spiel mit einem Metronom zu dressieren. Ich denke, Schultern, Ellbogen, Arme und Handgelenke stehen auch deshalb oft unter viel zu viel Strom, weil die Finger in einer völlig falsch verstandenen „Lockerheit" unstabil und lasch auf den Tasten sind, nicht zu stützen und zu greifen gelernt haben, nicht zum aktiven, flotten Wechsel von Beuge- und Streckbewegungen in der Lage sind. Der gespannte Arm bietet da den einzigen „Halt".

Der Energiestrom, der musikalische Fluss, die eigene Klangvorstellung (nicht etwa die des Lehrers), der kreative Gestaltungswille muss einen freien Weg vom Bauch- und Brustraum durch die Muskeln und Gelenke des gesamten Spielapparates haben, sonst hat das klangliche Ergebnis mit dem, was wir eigentlich wollten, wenig oder nichts mehr zu tun. Die Finger klopfen dann irgendetwas in die Tasten, das auf dem Weg über die Spannungsstationen im Arm als rudimentärer Rest von der ursprünglichen Klangvorstellung übrig geblieben ist. Die Übertragung vom Finger in die Taste und von dort aus zum Klang reagiert sofort auf diese Komponenten; ein gestörter Fluss ist hörbar.

E. G.: Was hat die Schulter mit den Fingern konkret zu tun?

S. K.: Einen guten „Durchfluss" zwischen Schulter und Fingern erreicht man, wenn man sich vorstellt, dass der Finger schon in der Schulter beginnt. Deuten Sie beispielsweise mit ausgestrecktem Arm und Zeigefinger auf einen in der Luft vorbei fliegenden Vogel. Sie spüren dabei eine ganz selbstverständliche Einheit des gesamten Arms, durch alle Einzelteile hindurch bis zur Fingerspitze, ja sogar bis hin zu Ihrer mentalen Absicht. Sie würden nicht im Traum daran denken, in diesem Moment einzelne Teile des zeigenden Arms (einschl. Finger) plötzlich lasch hängen zu lassen oder extra anzuspannen. Diese Einheit sollten wir beim Klavierspielen viel besser spüren, dann hätten wir weniger Probleme. Ein weiterer Zusammenhang besteht beim Daumenuntersatz. Er ist eingebettet in eine Verschiebung des gesamten Arms aus der Schulter, einschließlich Handgelenk und beteiligten Fingern parallel zu den Tasten, also in einen kleinen Ausschnitt aus der schlichten Glissando-Bewegung. Der Daumen dient dabei als Überbrückung für den Arm von der einen Lage in die andere und wird seitlich vorausgegriffen (rechts aufwärts bzw. links abwärts) oder nachgezogen (rechts abwärts bzw. links aufwärts). Wenn man dabei überflüssige, isolierte seitliche Bewegungen der Finger und vor allem der Hand sowie Sperren im Ellbogen (wie bei vielen Klavierspielern) vermeiden will, muss der gesamte Arm von Schulter bis Finger als Einheit bewegt werden. Selbst bei großen Arpeggien über mehrere Oktaven ist das weitgehend ohne seitliche Bewegungen irgendwelcher Einzelteile möglich, wenn man lernt, die aktive Feinmotorik der Finger und des Daumens in eine zusammenfassende, glissandoartig-gleitende Bewegung des gesamten Armes mit Steuerung aus der Schulter einzuordnen.

E. G.: Du sprichst in deinem Unterricht mehr über den Arm als Ganzes und wenig über die viel gepriesene Lockerheit im Handgelenk. Warum?

S. K.: Der Begriff „Lockerheit" ist mit großer Vorsicht zu genießen. Er wird viel zu pauschal verwendet. Wenn wir ständig überall locker wären, könnten wir nicht stehen, nicht gehen, nicht sitzen und schon gar nicht Klavier spielen. Kein Sportler käme auch nur einen Meter weit, wenn er überall locker wäre. Es gibt beim Klavierspielen gleichzeitig passiv-lockere, flexibel überbrückende, aufrecht stützende sowie aktive Funktionen der verschiedenen beteiligten Körperregionen: Aufrecht sind Unterschenkel, Rücken, Nacken und stützende Finger; passiv-hängend sind Schultern, Oberarme und Ellbogen; überbrückend sind Handgelenk (nicht etwa chronisch locker oder lasch; die Konsistenz des Handgelenks könnte man eher als flexibel oder elastisch bezeichnen.) und auch die Finger-Grundgelenke (die bei vielen haltlos nach unten absacken); aktiv ist das Heben und Senken der Finger bei Skalen und das Greifen aus der Fingerspitze bei Arpeggien sowie der Daumen beim Untersatz. Das klingt in der Aufzählung kompliziert, entspricht aber völlig gesunden Verhältnissen, wie wir sie im ganz normalen Leben bei Alltagstätigkeiten auch haben. Beim Instrumentalspiel werden die einzelnen Komponenten natürlicher Bewegungsabläufe aber oft chaotisch durcheinandergeworfen: Das heißt, wir können sehr häufig steife Ellbogen und Handgelenke, kombiniert mit laschen Fingern, oder durchhängende Rücken, kombiniert mit patschenden und angespannten Fingern, usw. sehen. Bei bestimmten Ausdrucksformen, wie z. B. dem Dolce oder dem Leggiero, eignen sich tatsächlich lockere, leicht fallende Finger, dagegen beim Espressivo viel eher ein flacher, gespannter Finger.

Ich möchte behaupten, dass die mangelnde pädagogische Schulung der stabilen und aktiven, nichtlockeren Aspekte der Klaviertechnik eine der Ursachen dafür ist, dass die Spannungs-Entspannungsverhältnisse in Körper und Spielapparat sehr vieler Klavierspieler nicht normal geordnet, sondern vermischt oder regelrecht vertauscht sind. Viele spielen mit matschigen Fingern, aber fest angespanntem Arm – im Grunde ein Drama –, statt mit stabilen, stützenden, balancierenden oder aktiven Fingern und entspannter Armmuskulatur; letztere ermöglicht ja erst freie Armbewegungen.

E. G.: Wie bekommt man einen Schüler vom Tastendrücken mit zu viel Kraft weg?

S. K.: Indem man ihn lehrt, das Armgewicht zu entdecken, es dosiert einzusetzen und damit Kraft und Druck überflüssig zu machen. Mit jedem fortgeschrittenen Klavierschüler mache ich in den ersten Stunden z. B. Übungen, bei denen man lernt, Gewicht fallen zu lassen, es auf dem Tastenboden wieder aufzufangen und in eine reflexartige Lösung und Leichtigkeit insbesondere im Handgelenk zurückfedern zu lassen. Es geht hierbei nicht nur um das bleischwere, volle Gewicht des Armes, das wir bei *ff*-Akkorden brauchen, sondern auch um ein stufenweise reduziertes Gewicht, das je nach gewünschter Dynamik bis hin zum Pianissimo eingesetzt werden kann. Ziel ist es, aufgesetzte Kraft durch das ohnehin vorhandene, dosierte Gewicht zu ersetzen. Wenn man es entdeckt hat, ist es herrlich entspannend und bringt klangvolle Ergebnisse ohne störende Anschlagsgeräusche mit sich.

E. G.: Ich dachte eigentlich, dass das Spüren des Armgewichts ein selbstverständlicher Teil des Anfangsunterrichts ist. Warum muss das neu gelernt werden?

S. K.: Manche Lehrer arbeiten damit, viele offenbar aber nicht. Ich habe zum ersten Mal im Alter von 24 Jahren davon gehört, als ich schon Konzertexamen hatte. Aber selbst wenn es im Unterricht Thema war: Pflegt man als Klavierspieler seine Technik nicht genauso umsichtig wie beispielsweise ein Sänger, so scheint mir der differenzierte Einsatz des Armgewichts eines der ersten Dinge zu sein, die dann darunter leiden oder sogar verloren gehen. Der Weg, die Tasten über den vertikalen Druck nach unten zu bedienen, ist dann doch der für Schüler und Lehrer vermeintlich bequemere.

Es hat auch etwas mit Loslassenkönnen zu tun, wenn man Gewicht einsetzen will, und es scheint mir, dass manche Lehrer die Mühe scheuen, sich so intensiv mit einem Schüler zu beschäftigen, dass diese fast schon privaten Bereiche berührt werden. Einen Schüler dazu zu bringen, seine Schultern hängen zu lassen, seine Atmung zum Bauch hin zu öffnen, sein Armgewicht wahrzunehmen und einzusetzen, einen kreativen Fluss von den Füßen bis zu den Fingerspitzen zu finden etc. bedeutet, dass der Pädagoge sich nicht nur mit dem interpretatorischen Anspruch des Werkes, sondern auch mit der Person des Schülers und dessen Bewegungsgewohnheiten auseinandersetzen muss. Das fordert vom Lehrer viel Einsatz, Energie und eine grundsätzliche Entscheidung darüber, wie ganzheitlich er den Unterricht angehen will.

E. G.: Mir fällt bei deinem Unterricht auf, dass du ziemlich detailversessen bist, wenn es um bestimmte Bewegungsabläufe geht. Warum ist dir diese Tüftelei so wichtig?

S. K.: Damit keine Missverständnisse entstehen: Die technischen Bewegungen – zumindest die grobmotorischen –, die einer gesunden Technik zugrunde liegen, sind nicht kompliziert. Im Gegenteil: Sie sind im Grunde einfach und können nur dann stimmen, wenn sie unseren angeborenen, natürlichen Bewegungsmustern entsprechen. Kompliziert ist aber, die vielen einzelnen Fehlerquellen, Spannungen, Verrenkungen, Verdrehungen ungünstigen Haltungen, abenteuerlichen Daumenuntersätze, Kontrollen, Ängste und Missverständnisse beim Namen zu nennen, sie wahrnehmen und spüren zu lassen, sie zu eliminieren, sie durch neue, einfache Bewegungsmuster zu ersetzen. Es geht in der Tat hauptsächlich darum, Überflüssiges wegzulassen. Der Weg dahin ist aber oftmals steinig, schwierig und langwierig. Der Unterricht kann nur dann greifen, wenn man so lange am gemeinsamen Üben einer Bewegung bleibt, bis sie wirklich gefunden bzw. regelrecht wieder entdeckt wird. Das kann schnell gehen, aber oft dauert es ein-, zwei Klavierstunden oder länger, bis der Schüler eine günstige, schmerz- oder verspannungsfreie technische Bewegung für die betreffende Passage gespürt, verstanden und schließlich übernommen hat. Eigentlich darf die Stunde erst dann aufhören, wenn er sich ganz im Klaren ist, wie er die Stelle üben kann. Bricht man die Arbeit ab, „bevor das Wasser kocht", ist evtl. bis zur nächsten Stunde alles vergessen, gerät durcheinander oder es verschwindet alles wieder in alten Mustern.

E. G: Warum hängt die Höhe des Sitzes von der Länge des Oberarms ab?

S. K.: Es gibt eine sehr vernünftige (aber nicht unbedingt sklavisch einzuhaltende) Regel: Unterarm und Handgelenk sollten bei einigermaßen aufrecht auf den Tasten stehenden Fingern eine parallele Linie zum Boden bilden und der Ellbogen sich bei hängendem Arm und aufrechtem Rücken ca. auf Tastenhöhe befinden. Entsprechend ist also die Klavierbank höhenzuverstellen, damit diese Haltung möglich ist. Logischerweise müssen dafür Personen mit langen Oberarmen höher sitzen, Personen mit kurzen Oberarmen tiefer. Allerdings spielt auch die Länge des Rückens eine große Rolle: Eine 20-jährige Schülerin von mir, die sehr lange Beine und Arme, aber einen vergleichsweise kurzen Rücken hat muss beispielsweise extrem hoch sitzen, damit sich ihre Ellbogen nicht viel zu tief unterhalb der Tastenhöhe befinden.

E. G.: Worauf muss man bei sog. Hypermobilen (Personen mit einer über das normale Maß hinausgehenden Beweglichkeit in den Gelenken) achten?

S. K.: Das ist m. E. eines der heikelsten Probleme in der Klavierpädagogik. Leider muss ich feststellen, dass Hypermobilität von vielen Lehrern überhaupt nicht registriert wird. Die Konsequenzen sind fatal: Je nach Ausprägung sind die Finger nicht zu einer stabilen Konsistenz in der Lage und patschen krumm und schief auf den Tasten herum, die Fingergelenke knicken in die falsche Richtung ein, der Daumen springt mit seinen Gelenken - fast wie in Einzelteile zerlegt - nach innen und außen, die Fingergrundgelenke sacken nach unten ein usw. Die Spieler „müssen", um überhaupt einen Halt zu haben, Unterarme und das Handgelenke fest anspannen, um mit dieser „Pseudokraft" überhaupt die Tasten drücken zu können. Sie leiden oft unter schmerzhaften Überlastungssyndromen und Sehnenscheidenentzündungen. Ihre Angst, die künstlich aufgesetzten Spannungen loszulassen, ist nach meiner Erfahrung besonders groß, weil dann natürlich überhaupt kein Spiel mehr möglich ist und alles in sich zusammenfällt. Ich habe gute Erfahrungen z. B. mit folgender Übung gemacht: Man übt (evt. zunächst auf einem Tisch oder dem Klavierdeckel) in normaler Klavierspielhaltung, die Hand auf einem nach unten gestreckten Finger zu balancieren, ähnlich wie wenn man auf einem Bein steht: Das mittlere Fingergelenk entspricht dabei dem Kniegelenk, das ja beim Stehen auch nicht einknickt. Man beginnt vorsichtig mit Minimalgewicht und stellt, wenn es der Finger noch nicht halten kann und zusammensacken will, zunächst „mental" eine gerade, gelenklose Linie zwischen Fingerspitze und aufgerichtetem Grundgelenk her. Anfangs wird der Finger in seinen Gelenken einbrechen wie die Beinchen eines neugeborenen Rehkitzes bei den ersten Aufstehversuchen, mit der Zeit (man sollte es jeden

Tag mehrmals mit jedem Finger einige Minuten üben) steht der Finger aber immer besser und wir können das Stützgewicht langsam, Schritt für Schritt steigern. Im Lauf der Wochen wird, wenn man geduldig dranbleibt, die vorher „nötige" Haltespannung im Arm immer überflüssiger und kann nach und nach weggelassen werden, weil die einzelnen Finger immer stabiler werden und selbst einiges tragen können. Viele Techniken, vor allem das Spiel von Skalen mit aktiven Fingern, lassen sich dann leichter trainieren.

E. G.: Woran erkennst du, dass beim Schüler ein Groschen gefallen ist?

S. K.: Ein Beispiel: Wenn der Schüler beim Einstudieren einer bestimmten Passage den Unterschied zwischen einer hinderlichen, gebremsten oder angespannten Spielweise und den neuen Möglichkeiten, die etwa nur über eine Veränderung des Gefühls im Ellbogen erreicht werden können, wirklich spürt, dann sind neue Weichen gestellt, neues Interesse geweckt, Neugierde erwacht, neue Übungsmöglichkeiten geschaffen.

E. G.: Wie reagieren Schüler auf deine Herangehensweise?

S. K.: Am besten kann ich mit jemandem arbeiten, der die (Schmerz-)Grenzen seiner momentanen Technik ahnt, der sich bereits mit seinen Problemen auseinandergesetzt hat oder schon einen gewissen Leidensdruck hat. Diese Schüler saugen Hilfestellungen manchmal begierig auf (wie es auch bei mir selbst der Fall war) und sind sehr dankbar für die Erleichterungen, selbst wenn sie dafür oft einen wochen- oder monatelangen Weg durch Übungen gehen müssen. Andere haben bisher keine oder kaum Probleme gespürt, lassen sich aber gerne auf neue Anregungen ein, wenn sie durch Veränderungen an der Spieltechnik über bisherige Grenzen z. B. ihrer Geschwindigkeit, ihrer klanglichen Möglichkeiten, ihrer Treffsicherheit hinauskommen können. Wiederum andere scheinen völlig unnahbar zu sein. Sie haben nie gelernt, sich selbst beim Spielen (oder vielleicht auch im sonstigen Leben) wahrzunehmen, wollen diese Notwendigkeit auch gar nicht einsehen und verstehen keine Erklärungen, die in Richtung Selbstwahrnehmung gehen. Sie wollen nicht realisieren, dass das eigene Spiel sich auch irgendwie „anfühlen" kann, dass man selbst etwas dabei spürt. Sie blocken manchmal jegliches Gespräch darüber ab. Ihre latenten Spannungen oder Schmerzen werden als selbstverständlich in Kauf genommen und verdrängt. Mit solchen Schülern kann ich im Unterricht relativ wenig anfangen, denn ich müsste sie ja auf ihrer Schiene lassen und bei der interpretatorischen Arbeit am Werk ihre spieltechnisch bedingten Unzulänglichkeiten akzeptieren, ignorieren oder mit ihnen für eine gute Wiedergabe des Werkes sogar trainieren. In so einem Fall ist ein Lehrerwechsel sinnvoll, weil wir nicht zusammenpassen.

E. G.: Wie definierst du Unterrichtserfolge?

S. K.: Ein Unterrichtserfolg liegt für mich dann vor, wenn ein Schüler eine neue Übungstechnik wirklich begriffen hat und damit etwas realisieren kann, was ihm vorher nicht möglich war: Wenn er z. B. eine schnelle Triolenbegleitung der linken Hand in einer Haydn-Sonate längere Zeit trainieren kann, ohne dass ihm die Hand schmerzt, steif wird oder der Rhythmus stolpert; wenn er z. B. gelernt hat, ein klangvolles Espressivo in einem Chopin-Nocturne in Einheit zwischen Klangvorstellung und körperlich-technischer Entsprechung zu realisieren. Haben sich solche Dinge - oft nach konzentrierter, langer Arbeit an den beteiligten Spieltechniken - im Vergleich zu vorher wirklich geändert, nimmt der Schüler die Erleichterungen wahr, löst sich die körperliche Distanz des Spielers zum Instrument und damit auch zur emotionalen, motorischen und interpretatorischen Herausforderung der jeweiligen Passage, dann sind das die schönsten Erfolge, die ich zusammen mit dem Schüler im Unterricht erleben kann.

Etüden – treffen Sie die richtige Wahl

Etüden sind Übungsstücke, die eine spezielle Schwierigkeit enthalten. Ich achte darauf, dass ich überwiegend musikalisch wertvolle Etüden im Unterricht verwende. Dadurch schlägt man mehrere Fliegen mit einer Klappe. Etüden, die sehr konstruiert klingen und keine nennenswerte musikalische Aussage enthalten, sind reine Schinderei. Eine Etüde soll den musikalischen „Ernstfall" simulieren. Ein technisches Problem bildet den Ausgangspunkt und wird in einem mehr oder weniger sinnvollen musikalischen Zusammenhang behandelt. Der Vorteil einer rein technischen Etüde ist gleichzeitig ihr Nachteil. Die Konfrontation mit einer bestimmten Schwierigkeit und damit das Ausblenden von anderen Problemen hat einen gewissen Übe-Effekt, ist aber unrealistisch. In einem Musikstück breitet sich nicht eine spezielle Schwierigkeit über zwei Din-A4-Seiten aus. Das Problem in der Literatur ist die Kombination von ganz vielen unterschiedlichen Schwierigkeiten auf engstem Raume. Und dem wird bei einer speziellen Techniketüde keine Rechnung getragen. Es kommt nämlich sehr darauf an, in welchem Kontext ein bestimmtes technisches Problem auftaucht. Theoretisch ist es natürlich möglich, sämtliche „Stolpersteine" aus der Literatur herauszudestillieren und im „Etüdenlabor" zu sezieren. Aber alle Einzelbestandteile gesondert mechanisch zu perfektionieren, um sie dann in den Gesamtzusammenhang zu integrieren, funktioniert zumindest nicht so, wie man es eigentlich erwarten könnte. Die besten Beispiele dafür sind, was die Flötenliteratur betrifft, die Flötenkonzerte von W. A. Mozart. Die Tonartenfolge in so einem klassischen Konzert ist recht übersichtlich. Auf den ersten Blick kommt nichts Weltbewegendes darin vor: „harmlose" Tonleitern und Arpeggien in gängigen Tonarten, die jeder Musikstudent schon vor dem Studium im Schlaf beherrscht. Aber diese Stücke zählen nicht umsonst zur Probespielliteratur. Das Verflixte ist die Kombination und Koordination der einzelnen Parameter. Fingertechnik, Artikulation, Intonation, filigrane Klangfarben, Verzierungen etc. müssen kunstvoll und harmonisch auf diese zerbrechliche Musik abgestimmt werden. Selbst die kleinsten Ungenauigkeiten können eine Phrase unwiderruflich zerstören. Die Musik Mozarts verzeiht keine Unsauberkeiten. Es müssen zig technische Fertigkeiten subtil mit musikalischer Leichtigkeit kombiniert werden. Und dann sollte das ganze noch mit einer mühelosen Selbstverständlichkeit präsentiert werden. Ein Werk von solcher Tiefe und Vielschichtigkeit wirklich zu erfassen und zu reproduzieren, ist wahrlich eine meisterhafte Syntheseleistung.

Hohe künstlerische Qualität ist weit mehr als die Summe von perfekt einstudierten Einzeltechniken. Ich bezweifle daher sehr, ob es möglich ist, sämtliche Gefahrenquellen der Musikliteratur dadurch zu entschärfen, dass diese, losgelöst von einem musikalischen Kontext, bearbeitet werden. Die Elimination handwerklicher Schwächen ist ein legitimer Wunsch. Deshalb will ich niemanden davon abhalten, seitenlang stupide Oktavverbindungen zu üben, aber meinen Schülern mute ich das nicht zu. Rein technische Etüden verwende ich im Unterricht nur dann, wenn sie kurz sind und ein Minimum an melodischer Aussagekraft aufweisen.

Musik ist mehr, als was in den Noten steht.
Gustav Mahler

Gefühle hörbar machen

Wir kennen es alle: Schüler, die alles richtig, aber sterbenslangweilig spielen. Der Schüler liest und greift, zupft oder drückt mechanisch Tasten und Klappen nieder, aber er hört und fühlt nicht. Wir Musiker sagen dann, dass das Stück musikalisch nicht gut klingt und „nichts rüberkommt".

Jeder Mensch hat Gefühle. Die Frage ist nur, ob er diese durch das Instrument hörbar machen kann und will. Bevor Sie die emotionalen Ressourcen Ihres musikalischen Langweilers anzapfen, müssen Sie herausfinden, ob das (musikalische) Ausdrucksbedürfnis zu schwach ausgeprägt ist oder ob der an sich vorhandene Gestaltungswille durch ein technisches Problem blockiert wird. Es ergibt beispielsweise keinen Sinn am Ausdruck und am musikalischen Stil zu arbeiten, wenn der Schüler ein gravierendes Tonerzeugungsproblem hat oder die Finger nicht das tun, was sie sollen. Hemmen zu viele technische Störfelder oder eine mangelhafte Vorbereitung den musikalischen Fluss, kann sich der Ausdruck nicht entfalten. Es nutzt wenig, wenn man einen Führerschein (klangliches Vorstellungsvermögen) besitzt, also eigentlich fahren könnte, aber umgestürzte Bäume (technische Probleme) im Weg liegen. Zuerst müssen die Hindernisse beseitigt werden, ehe ans Weiterfahren gedacht werden kann. Es ist jedoch nicht nötig sämtliche Spielblockaden zu eliminierten, bevor man anfängt zu musizieren. Das ist utopisch. Es geht auf Musikschulniveau selten um technische Perfektion. Auch eine fehlerhafte Form kann mit Inhalt gefüllt werden. Abgesehen davon, ist es natürlich auch möglich parallel an Form und Inhalt zu arbeiten. Es geht mir nur darum verständlich zu machen, dass der zweite Schritt nicht vor dem ersten erfolgen kann. In einigen Fällen mag es durchaus sein, dass die musikalische Arbeit die technische Umsetzung erleichtert. Bei fundamentalen technischen Problemen jedoch reichen musikalisch-stilistische Anweisungen nicht aus, sie behindern nur.

Wie verhält man sich nun gegenüber Schülern, die bei weitgehender technischer Problemfreiheit (bezogen auf das jeweilige Stück) ausdruckslos spielen? Ich habe schon viele fleißige, flötistisch begabte Schüler unterrichtet, die sich um nichts in der Welt öffnen, die sämtlichen gut gemeinten musikalischen Anweisungen trotzen und konsequent jeden Gefühlsausbruch vermeiden. In der Pubertät tun sich viele besonders schwer Gefühle zuzulassen und nach außen zu zeigen. Genauso gut kann es jedoch sein, dass gerade in dieser Phase sämtliche Gefühlszustände, die sonst unter Verschluss gehalten werden, durch das Instrument ausgedrückt werden. Ich glaube auch, dass so mancher Schüler zu Hause in seinem Zimmer mehr rauslässt als vor den kritischen Ohren des Lehrers.

Damit Noten auf gedrucktem Papier lebendig werden, reicht es nicht aus eine instrumentenspezifische Begabung zu besitzen und fleißig zu sein. Fehlen die persönliche Note und das Gespür für Phrasen und musikalische Abläufe, klingt das Resultat uninteressant, eben langweilig. Für viele Schüler hat technische Perfektion Vorrang, weil Ihnen Fehlerfreiheit wichtiger ist als die inhaltliche Aussage.

Deshalb finde ich es auch schwierig, etwa nach einem Vorspiel, dem Schüler begreiflich zu machen, dass ich während des Vortrags nicht einzelne Fehler zähle, sondern auf den Gesamteindruck achte. Ich bin sehr betrübt darüber, dass diese perfektionistische Haltung in unserer Gesellschaft und leider auch in unserem Schulsystem toleriert und sogar vorausgesetzt wird. Die Wörter „Unterricht" und „Fehler sind schlimm" sind untrennbar in vielen Schülerhirnen verbunden und fest verankert. Perfektion geht jedoch immer auf Kosten von Lebendigkeit. In der Tat ist es so, dass solche Schüler besorgt um ihre fleißig einstudierten Töne sind, sobald man sie auf die Plattform der musikalischen Wunderwelt entführen möchte. Aus Angst vor Fehlern verlassen sie ihre sterile Komfortzone nicht, damit ihr fehlerfreier Vortrag nicht durch musikalische Risiken gefährdet wird. Diese Angst ist insofern berechtigt, als dass man tatsächlich möglicherweise (vorübergehend) Abstriche bezüglich der technischen Vollkommenheit machen muss, weil der Fokus vom kontrollierenden Verstand auf die kreative Gefühlsebene verlagert wird. Dieses „Risiko" wollen und können viele rational veranlagte Menschen nicht eingehen. Machen Sie sich selbst und dem Schüler klar, dass im Zweifelsfall spannende falsche Töne besser sind als langweilige richtige. Dazu gehört auch gnädig und tolerant mit der eigenen Leistung umzugehen.

Es bringt wenig, theoretische Vorträge über musikalische Abläufe zu halten. Wichtig ist, dass Sie dem Schüler zeigen, dass Sie ein lebendiger Musiker sind. Man muss das tun und verkörpern, was man vom Schüler verlangt. Im folgenden Zitat beschreibt Prof. Dr. Wolfgang Rüdiger, welcher Unterrichtsstil ihm zuweilen bei Studenten-Lehrproben begegnet: *„So kommt es immer wieder vor, dass im Klavierunterricht Lehrerinnen und Schülerinnen eine halbe Stunde lang wie festgefroren auf ihren Stühlen sitzen, Noten hypnotisieren, Finger bewegen, Tasten drücken und sich durch fremde Spielanweisungen quälen, wobei mögliche Tempo- und Rhythmusschwankungen von Klopfserien des Lehrerbleistifts erfolglos begleitet werden – soll das Musik sein und lebendiger Unterricht, frage ich mich und rege mich jedes Mal aufs Neue auf."* [26]

So ein trockener, distanzierter Unterricht fördert sicher nicht unbedingt das Ausdrucksbedürfnis des Schülers. Wenn Sie Ihre Gefühle dem Schüler gegenüber unter Verschluss halten, leidet nicht nur das Unterrichtsverhältnis, sondern auch die Ausdrucksbereitschaft des Schülers.

Verstehen Sie mich nicht falsch: Sie müssen dem Schüler nicht permanent Ihr Innerstes offenbaren und Ihr Herz auf der Zunge tragen. Ich denke nur, über Gefühle, die musikalisch ausgedrückt werden sollen, kann man nicht nur reden. Man muss sie haben und körpersprachlich durch Mimik und Gestik zum Ausdruck bringen. Nur so kann der Schüler auch wirklich in die klangliche Welt des jeweiligen Stückes eintauchen. Das heißt nun nicht, dass Sie temperamentvolle schauspielerische Höchstleistungen vollbringen müssen, falls Sie eher ein introvertierter Mensch sind. Drücken Sie Ihre Gefühle auf eine Weise aus, die Ihrem Wesen entspricht und benutzen Sie Ihr Instrument als Mittler für Ihre innere Gefühlswelt. Wenn Sie sich in diesem Sinne authentisch und klar präsentieren, schaffen Sie eine vertrauensvolle Basis für die musikalische Arbeit. Vielleicht denken Sie jetzt: Das ist doch selbstverständlich, beim Musizieren Gefühle zu zeigen. Bedenken Sie, dass man im Unterricht leicht in eine „Oberlehrerrolle" rutschen kann, auch wenn man sonst in einer Konzertsituation „aus sich herausgeht".

[26] *Rüdiger, Wolfgang:* Vom Glanz des Unterrichtens. In: Üben & Musizieren (Ausgabe 1, 2001); Schott Verlag, Mainz, S. 38.

Geht es um musikalische Dinge, ist Vorspielen oft besser als reden. Wir können leider nicht voraussetzen, dass ein Schüler durch Konzertbesuche und Anhören von Aufnahmen genügend Hörereindrücke besitzt. Oft ist der Lehrer das einzige klangliche Vorbild, zumindest was die klassische Musik betrifft. Unterschätzen Sie nicht die Wirkung Ihres Vorspiels. Selbst wenn der Schüler weit davon entfernt ist Ihnen musikalisch das Wasser reichen zu können, so erfährt er doch einen wichtigen musikalischen Eindruck. Achten Sie beim Vorspiel mehr auf die musikalische Lebendigkeit als auf technische Perfektion. Vorspielen und Mitspielen soll den Schüler innerlich berühren und mitreißen. Es darf keine Schau-her-was-ich-alles-kann-Vorstellung daraus werden. Zeigen Sie Ihre Persönlichkeit und den entsprechenden musikalischen Stil durch Ihr Spiel. So bekommt der Schüler eine musikalische Zielvorstellung. Gehen Sie in diesem Sinne mit gutem Beispiel voran, statt leblose Bemerkungen über dynamische Abstufungen und Phrasierungen zu machen.

Bewegt euch, tanzt, dirigiert, sprecht, singt, mimt und inszeniert Musik mit allen Fasern eures Leibs und eurer Seele!
Wolfgang Rüdiger

Körpereinsatz

Ich hoffe, ich habe Sie davon überzeugen können, dass ein lebendiger Unterricht ohne Körpereinsatz nicht denkbar ist. Damit ist nicht gemeint, dass Sie pausenlos „in action“ sein müssen. Es geht vielmehr um die Außenwirkung unseres Innenlebens. Da die Körperhaltung, die Gestik, die Mimik und die Stimme unsere Ausstrahlung beeinflussen, können wir damit gezielt musikalische Inhalte unmittelbar zum Ausdruck bringen. Wie prägend die Körpersprache ist, wird mir immer dann bewusst, wenn ich meine Haltungsgewohnheiten im Guten wie im Schlechten bei Schülervorspielen wieder entdecke. Schüler übernehmen oft unbewusst die Körperhaltung und Spielweise des Lehrers. Der Körper spricht immer eine deutliche Sprache, ob wir das wollen oder nicht. Dieser nonverbale Einfluss wird gerne unterschätzt. Vielleicht haben Sie auch schon einmal die Erfahrung mit einer so genannten Doppelbotschaft gemacht. Jemand spricht nett und freundlich und signalisiert gleichzeitig mittels Körpersprache Ablehnung und Misstrauen. Wir registrieren, dass irgendetwas nicht stimmt und fühlen uns unbehaglich, weil unser Gegenüber nicht echt ist. Mein Körper hat mich schon oft verraten, wenn ich einen Schüler gelobt habe, obwohl ich seine Leistung nicht gut fand. Da kann ich meine Komplimente noch so blumig ausschmücken, der Schüler erkennt an meinem Tonfall, dem Gesichts- und/oder Körperausdruck, dass ich nicht aufrichtig bin. Schüler können nebenbei bemerkt ihre eigene Leistung oft besser einschätzen, als wir das für möglich halten, deshalb tut man gut daran die Wahrheit zu sagen.

Vorletztes Jahr besuchte ich ein Rhythmiksymposium in Weimar. Die Rhythmikprofessorin Elisabeth Gutjahr hielt den Eröffnungsvortrag. Sie erwähnte unter anderem, welche unmittelbaren Auswirkungen der Körperausdruck auf Kinder hat. Will man z. B. ein Kleinkind daran hindern, eine heiße Herdplatte anzufassen, kommt es nicht darauf an, was man zu dem Kind sagt, sondern wie. Das Kind versteht nicht, was „heiß“ bedeutet oder wie ein Herd funktioniert. Es registriert jedoch den erschrockenen Gesichtsausdruck, den warnenden Tonfall und die entsprechende Gestik der Mutter. Das Kind spürt die gefährliche Situation, obwohl es den Sinn der Worte gar nicht versteht.

Unser Körper ist ein wirkungsvolles Instrument, um Affekte unmittelbar zum Ausdruck zu bringen. Verkörpern Sie musikalische Inhalte, indem Sie sich stimmlicher, gestischer und mimischer Ausdrucksmittel bedienen. Damit Sie Ihr „Körperinstrument" erfolgreich einsetzen können, sollten Sie sich erst einmal mit den einzelnen Ausdrucksmitteln vertraut machen. Dazu möchte ich Ihnen ein paar Anregungen mit auf den Weg geben.

Gestische Ausdrucksmittel

Als ich neulich zu einer Geburtstagsfeier eingeladen war, kamen wir auf das Thema „Dirigieren" zu sprechen. Eine Frau, die sich mit praktischer Musikausübung nicht auskennt, erkundigte sich beim Gastgeber, er ist professioneller Musiker, ob man als ausübender Orchestermusiker die Dirigierbewegungen eines Kapellmeisters kennen bzw. studieren muss, um sie richtig zu deuten. Daraufhin erklärte der Fachmann, dass ein Instrumentalist die Gestik des Dirigenten intuitiv erfassen und entsprechend klanglich umsetzen kann und ein Studieren der „Zeichensprache" nicht nötig ist. Den Spielern wird der Gestaltungswille des Dirigenten durch Gestik mitgeteilt. Als Nichtfachfrau konnte sie sich nicht vorstellen, dass diese nonverbale Kommunikation automatisch (mehr oder weniger) gut funktioniert.

Begleiten und erklären Sie auf Ihre Weise die Musik mit spontanen Gesten. Prof. Elisabeth Gutjahr z. B. „spricht" beim Unterrichten mit ihren Händen und verdeutlicht dadurch, worum es geht. Zeichnen Sie mit den Armen und Händen den musikalischen Verlauf in die Luft. Fuchteln Sie dabei nicht hektisch durch die Gegend, sondern bekräftigen Sie die musikalische Aussage mit passenden kleinen und großen Bewegungen. Eine Walzergeste ist schwungvoll, eine Fortegeste ist kraftvoll und eine Pianogeste ist sachte. Auch rhythmisch kann die Gestik gut eingesetzt werden. Um die Leichtigkeit eines Auftaktes und die Schwere der darauffolgenden Eins zu verdeutlichen, simuliere ich manchmal den Auf- und Abstrich eines Geigers oder ich stelle mich beim Auftakt auf die Zehenspitzen und lasse mich bei der Eins auf die Fersen fallen. Durch hebende und senkende Gesten werden unterschiedliche Gewichtszustände verdeutlicht. Wellenförmige, weich geschwungene, horizontal verlaufende Bewegungen eigenen sich für melodische Linien. Dynamische Abstufungen kann man durch öffnende (Arme ausbreiten) bzw. schließende oder vergrößernde bzw. verkleinernde Gesten darstellen.

Lernen Sie in diesem Sinne von guten Dirigenten, Rhythmikern, Tänzern und Politikern. Mein Lieblingsbeispiel für gestischen Ausdruck ist jedoch kein Dirigent, sondern die Klarinettistin Sabine Meyer. An ihr kann man gut beobachten, wie durch Bewegung musikalische Aussagen unterstützt werden. Ihr Spiel ist gleichzeitig ein Tanz, eine Choreographie. Spielbewegungen sind ja letztlich Gesten. Dabei kommt es nicht auf die Größe der Bewegung, sondern auf deren Effektivität an. Manchmal ist weniger mehr. Wichtig ist, dass innere Empfindungen nach außen dringen. Der Schüler soll spüren, was an der Musik im wahrsten Sinne des Wortes bewegend ist. Nur so kann er einen Zugang zum jeweiligen musikalischen Charakter finden.

Falls Sie unsicher sind oder sich lächerlich vorkommen, hören Sie sich im „stillen Kämmerlein" (Unterrichts-)Stücke an (es gibt zum Glück genügend Unterrichtsliteratur mit CD) und choreographieren Sie munter drauf los: Improvisieren Sie mit Ihrem Körper! Experimentieren Sie mit verschiedenen Bewegungsformen und geben Sie der Musik im wahrsten Sinne des Wortes eine Gestalt. Nicht in der Form, dass Sie sich etwas antrainieren, sondern als spielerischer Umgang mit dem eigenen Körper. Wie vielseitig gestischer Ausdruck sein kann, wurde mir bewusst, als ich an der Waldorfschule Eurhythmiekurse belegt habe. Dabei handelt es sich um eine Art „sichtbaren Gesang". Musikstücke werden hauptsächlich mit den Armen und Händen dargestellt. Durch diese Arbeit hat sich mein gestisches Repertoire enorm erweitert.

Der oft zu Unrecht belächelte Rhythmikunterricht an Hochschulen sollte für jeden angehenden Instrumentallehrer zur Pflicht werden. Nicht (nur) wegen der Schulung des Rhythmusgefühls, sondern um einen kreativen Umgang mit dem Körperinstrument zu pflegen. Dieser Unterricht heißt nicht umsonst auch „Musik und Bewegung".

Mimische Ausdrucksmittel

Haben Sie schon mal den Fernsehmoderator Günther Jauch bei „Wer wird Millionär?" beobachtet? Wenn ja, dann wissen Sie, was mit Mimik gemeint ist. Seine Gefühlszustände spiegeln sich so deutlich im Gesicht wider, dass man schon von Mimikvirtuosität sprechen kann. *„Mimik entsteht durch muskuläre Veränderungen des Gesichts, gesteuert sowohl durch willkürliche Aktionen (z. B. eine „Grimasse") als auch durch unwillkürliche, unbewusst ablaufende Emotionen, Gefühle. Die Einbeziehung von Mimik unterstreicht als eine „zusätzliche", analoge, willkürlich verfügbare Ausdrucksbewegung den „Sinn" eines musikalischen Ereignisses."*[27] Verändern Sie Ihren Gesichtsausdruck je nach musikalischer Stimmungslage. Auch hier geht es nicht um künstliches Grimassenschneiden, sondern darum, dass Empfindungen am Gesicht ablesbar sind. Wie soll ein Schüler eine melancholische Stimmung wiedergeben, wenn Sie ihn dabei freudig anlächeln? Ein wacher, vor Begeisterung sprühender Gesichtsausdruck animiert bei einem spritzigen, feurigen Stück mehr als teilnahmsloses Dreinblicken.

Als Mimik-Vorbilder eignen sich gute Schauspieler, Pantomimekünstler und natürlich Musiker. Der neue Shooting-Star der Klavierszene, der Chinese Lang Lang, ist ein Paradebeispiel hierfür. Beobachtet man seine Gesichtsausdrücke während des Spiels, wird einem so richtig bewusst, wie viele verschiedene Stimmungen in einem einzigen Satz enthalten sind.

Die Stimme als Ausdrucksmittel

Passen Sie die Klangfarbe Ihrer Stimme der jeweiligen musikalischen Stimmungslage an. Sprechen Sie geheimnisvoll leise, aufbrausend, frech, dunkel, wehmütig. Sie werden feststellen, dass v. a. Kinder dadurch viel leichter „den richtigen Ton" treffen. Auch hier lohnt es sich, gute Schauspieler und Opernsänger zu beobachten. Jedes Stück ist letztlich eine Erzählung, eine Geschichte oder eine musikalische Rede.

Dieser genuin-musikalische Gebrauch der „Musik der Stimme" geschieht meist spontan und kann oft wirkungsvoller sein als jedes Reden über Musik. Indem die Stimme, unser primäres Ausdrucksmittel, ohne instrumentaltechnische Hemmnisse Musik „spricht", formt sie ein Vorbild für das Instrumentalspiel und führt die Vorstellung beim instrumentalen Vortrag.[28]

---

[27] *Mantel, Gerhard:* Sensibilisierungs- und Ausdrucksbewegungen. In: Üben & Musizieren (Ausgabe 5, 2000). Schott Verlag, Mainz. S. 11.

[28] *Rüdiger, Wolfgang:* Sprechen - Singen - Spielen, Die Stimme als musikalisches Ausdrucksmittel im Instrumentalunterricht. In: Üben & Musizieren (Ausgabe 3, 2003). Schott Verlag, Mainz. S. 15.

Ein Bild sagt mehr als tausend Worte

Freud und Leid

Bevor Sie sprachlich und/oder körpersprachlich loslegen, müssen Sie sich klar machen, welchen Grundcharakter das Stück, eine Phrase oder ein bestimmter Abschnitt, den Sie gerade unterrichten, überhaupt hat. Ist es traurig, lustig oder eher tänzerisch? Fragen Sie den Schüler, wie er das Stück empfindet, und helfen Sie ihm auf die Sprünge, falls ihm nichts einfällt. Überlegen Sie als nächstes, wie traurig, wie lustig das Stück ist oder nach welchem Tanzcharakter instrumental „getanzt" werden soll. So wie bei Farbschattierungen rot nicht gleich rot und blau nicht gleich blau ist, gibt es gefühlsmäßige Abstufungen innerhalb der Trauer und der Freude, die hernach in Klangfarben umgesetzt werden.

Teilen Sie dem Schüler Empfindungen, wie bereits erwähnt, nicht sachlich mit, sondern schaffen Sie eine entsprechende Atmosphäre durch treffende bildliche Assoziationen, unterstützt durch Tonfall, Gestik und Mimik. Jedes Stück ist eine Reise, die erlebt, gefühlt und hörbar gemacht werden soll. Die Möglichkeiten der Körpersprache haben Sie bereits kennen gelernt. Die Bildersprache wenden Sie am besten an, indem sie mit Adjektiven experimentieren.

Statt „lustig" können Sie je nach Stimmungslage auch folgende Begriffe verwenden: z. B. spaßig, witzig, sorglos, frech wie Pippi Langstrumpf, sonnig, freudig, pfiffig, wonnig, (quietsch-)vergnügt, happy, spitzbübisch, munter, quirlig, ausgelassen, übermütig, verspielt, drollig, tapsig, flapsig, fröhlich hüpfend, unbeschwert.

Beim Lesen der Begriffe sind sicher schon ein paar Bilder vor Ihrem geistigen Auge aufgetaucht, z. B. ein munteres Fohlen, ein drolliges Eichhörnchen, ein tapsiger Clown, eine witzige Comicfigur. Dieses Verknüpfen von Sprache und Bild wird Ihnen bald in Fleisch und Blut übergehen.

Traurige Stücke oder Passagen können herzzerreißend, wehmütig, klagend, trist, erschütternd, seufzend, schwermütig, flehend, einsam, verloren, bedauerlich, düster, verzweifelt, hoffnungslos oder finster klingen. Hier muss man vorsichtig sein mit Bildern. Die Vorstellung eines trostlosen Regentages kann der Schüler gut verkraften, auf dramatische Weltuntergangsbilder würde ich verzichten, sonst verlässt der Schüler deprimiert die Unterrichtsstunde. Den Ernst der Lage können Sie auch mit einem lachenden und einem weinenden Auge darstellen. Überlassen Sie es dem Schüler, was er sich während eines traurigen Stückes vorstellt oder sagen Sie bei Kindern z. B. „Die Töne lassen jetzt die Köpfe hängen".

Tänze

Stücke mit Tanzcharakter haben mir beim Unterrichten schon oft Kopfzerbrechen bereitet. Wenn Sie als Erwachsener die Wörter „beschwingt, schwungvoll, anmutig, schreitend, stolz, wiegend oder stampfend" hören, fallen Ihnen bestimmt gleich ein paar Tänze dazu ein, z. B. ein Walzer, eine Pavane, ein Menuett, ein Bauerntanz oder ein Tango. Das Problem bei Kindern und Jugendlichen besteht darin, dass sie diese Tänze (noch) nicht am eigenen Leibe erfahren haben und im Falle der historischen Tänze vermutlich auch nie erleben werden. Was soll ein Zehnjähriger mit einem Menuett, einer Gavotte oder Bourrée anfangen? Gerade in der Anfängerliteratur wimmelt es jedoch geradezu von barocken Tänzen. Aber auch ein Wiener-Walzer-Schwung ist für eine 13-Jährige schwer nachfühlbar. Ist man einmal übers Parkett geschwebt, sieht die Sache schon anders aus. Man kann sich natürlich die jeweiligen Grundschritte aneignen und mit den Schülern im Unterricht einüben. Allerdings wird aus einer Instrumentalstunde dann schnell ein Tanzunterricht und das ist auch nicht der Sinn der Sache. Einfache Grundschritte einzustudieren kann bereits einen großen Aufwand bedeuten und selbst wenn ein Schüler einen Tanzschritt beherrscht, heißt das noch lange nicht, dass er den Charakter des jeweiligen Tanzes auch wirklich im Blut hat. Aber darum geht es ja gerade: Die Essenz eines Tanzes gefühlsmäßig zu erfassen und durch das Instrument auszudrücken.

Der Walzerschritt kann ganz gut mit einem Armschwung simuliert werden: Man beschreibt einen Kreis mit dem rechten oder linken Arm, lässt den Arm bei der Eins herunterfallen und geht gleichzeitig ein wenig in die Knie. Bei der Zwei und der Drei fängt man den Arm wieder auf, schließt den Kreis und federt aus den Knien wieder zurück. Sie werden feststellen, dass einige ein Problem damit haben, den Arm loszulassen. Hier schlägt man gleich zwei Fliegen mit einer Klappe: Der Schüler erfährt sein Armgewicht und fühlt gleichzeitig den Walzer-Schwung. Zusätzlich kann noch die Melodie des entsprechenden Stückes gesungen oder erst mal nur „Schwer-leicht-leicht“ dazu gesprochen werden.

Das anmutige „Zehenspitzen“-Gefühl beim Menuett kann z. B. mit den Fingerspitzen auf dem Unterarm, der anderen Hand oder einem Trommelfell angedeutet werden, wobei man für die Eins eine streichende Bewegung und für die Zwei und Drei jeweils einen Tupfer mit der/den Fingerspitze(n) macht. Gepaart mit leichten, duftigen Gesten, einem vornehmen Gesichtsausdruck und passenden historischen Assoziationen trifft man schon ziemlich gut das „Original-Feeling“. Eine Gigue lässt sich gut mit einem Galopp vergleichen. Da ein Seitgalopp nichts Schwieriges ist, kann ruhig mal durchs Zimmer gehopst werden. Bei vielen Tänzen unterlege ich das entsprechende Metrum mit Rhythmusinstrumenten. So erwirbt der Schüler nach und nach ein Gefühl für den Unterschied schwer - leicht. Durch das gleichförmige Versmaß stabilisiert sich auch der Rhythmus, der Tanz wird beschwingter. Der Daktylus (lang-kurz-kurz) passt z. B. gut zu Bourée und Rigaudon, für Menuett, Courante und Sarabande wird der Trochäus (lang-kurz) verwendet. Experimentieren Sie mit Längen (Schwere) und Kürzen (Leichtigkeit), wobei die Längen doppelt so lang sind wie die Kürzen. Ich bin erst zufrieden, wenn Schüler wenigstens ansatzweise Schwere und Leichtigkeit in sich spüren. Mechanische Betonungen auf diversen Zählzeiten ohne körperliche Empfindungen führen niemals zu einem Tanzerlebnis.

Laut und leise

Auch dynamische Abstufungen müssen empfunden, nicht nur „gemacht“ werden. Es gibt z. B. ein weiches, klangvolles oder ein derbes, wütendes, zorniges Forte. Ebenso kann ein Piano fahl und blass oder kernig und intensiv sein. Vermitteln Sie dem Schüler das entsprechende leise oder laute Gefühl durch Körpereinsatz. Tragen Sie Ihre Anweisungen z. B. geheimnisvoll flüsternd vor oder machen Sie eine kraftvolle, zupackende Geste. Arbeiten Sie mit Klangfarben und Bilder. Ich habe eine paar „Piano- und Forte-Stimmungen“ für Sie zusammengetragen, wobei einige Begriffe, wie z. B. „leidenschaftlich“ oder „ernst“, nicht an eine bestimmte Lautstärke gebunden sind.

Laut: kräftig, kämpferisch, festlich, aggressiv, kraftvoll, klangvoll, strahlend, gewaltig, prachtvoll, voluminös, wild, aufbrausend, impulsiv, heftig, imposant, schreiend, schimpfend, aufgebracht, bestimmt, mächtig, robust, leidenschaftlich, fett, wütend, opulent, zornig, zupackend, drohend, wuchtig, massiv, stämmig, derb, satt, durchdringend, markerschütternd, jubilierend, überschäumend, überschwänglich, aufgewühlt, vorwurfsvoll, empört, wie Donnergrollen, feurig.

Für ein Crescendo können Sie z. B. das Bild eines Vogels verwenden, dessen Flügelschlag immer stärker wird. Oder man stellt sich eine Farbe vor (nehmen Sie die Lieblingsfarbe des Schülers) und spielt dann beispielsweise von hell- nach dunkelblau. Bedenken Sie: Crescendo heißt zwar: lauter werden, impliziert aber: leise anfangen!

Folgende Begriffe sind aus nahe liegenden Gründen ungünstig: brutal, schrill, geräuschvoll.

Leise: behutsam, sanft, sachte, dezent, pastellfarben, besinnlich, verträumt, ernst, zauberhaft, engelhaft, verzückt, entzückt, flaumig, flockig, nachdenklich, staunend, verhalten, zurückhaltend, zuckersüß, zart schmelzend, zaghaft, zerbrechlich, gedämpft, still, selig, göttlich, blass, fahl, neblig, geheimnisvoll, gespenstisch, himmlisch, empfindsam, meditativ, samtpfotig, glasig, durchsichtig, fein, bedeckt, schwebend, Ton ist „weit weg".

Beim Decrescendo verblasst die dunkle Farbe, der Ton „entfernt" sich, der Flötist Marcel Moyse sagte einmal: *„Wenn du wirklich leise spielen willst, versuch den Schatten des Klanges zu erzeugen – nicht den Klang selbst."*[29]

Bilder, die (nicht nur) für Bläser ungeeignet sind: hauchig, luftig, dünn, schwach, fad, brüchig, kläglich.

Es versteht sich von selbst, dass Sie dem Schüler erklären, wie er dynamische Abstufungen technisch umsetzen kann.

Schnell und langsam

Der Vollständigkeit halber hier noch ein paar „schnelle und langsame Gefühle":

Schnell: fetzig, spritzig, lebendig, energisch, frisch, flott, fröhlich, prickelnd, temperamentvoll, quirlig, peppig, aufgeregt, ungeduldig, flüssig, schwungvoll, fließend, vorwärts drängend, in freudiger Erwartung, zielstrebig, flüchtig, im Sauseschritt, wieselflink, forsch, hurtig, rasant, pfeilschnell, blitzschnell, zügig, flitzen, „Gas" geben.

„Schnelle" Negativbeispiele: hektisch, stolpernd, hastig, gehetzt.

Langsam: flächig, getragen, behäbig, erhaben, lieblich, Töne ziehen wie ein Gummiband, Töne ausbreiten wie eine Decke, bleischwer, „schmalzig", ruhig, edel, gemütlich, behaglich, gemächlich, nobel, innig, beschaulich, betörend, schwelgend, schleichend, majestätisch, würdevoll, sehnsuchtsvoll, besinnlich, andächtig, heilig, schwülstig, ehrfürchtig, poetisch, ergreifend, „in Zeitlupe" spielen (spielt ein Schüler zu schnell, verwende ich diesen Begriff gerne zum Runterbremsen).

„Langsame" Negativbeispiele: schleppend, klebrig, zäh, schläfrig, lahm, statisch, passiv, klobig.

[29] Wye, Trevor: Marcel Moyse – Eine musikalische Lebensbeschreibung. Zimmermann Verlag, Frankfurt, 1996. S. 146.

Wenn du eine Tonübung spielst, denk an Debussy.
Wenn du Debussy spielst, denk an eine Tonübung.
Marcel Moyse

Der Ton macht die Musik

Tonbildung im Bläser-Instrumentalunterricht

„Der Ton ist doch das Wichtigste!“ Dieser Ausruf meiner ehemaligen Flötenprofessorin Arife Gülsen Tatu klingelt mir heute noch in den Ohren. Sie wollte damit gewiss nicht der Tonbildung den Vorrang vor dem musikalischen Ausdruck geben, sondern einfach verdeutlichen, wie wesentlich die Tonqualität für die Qualität des Spiels insgesamt ist. Der Ton ist die Trägersubstanz der Musik. Wenn der Klang „kränkelt“, leidet auch die Interpretation. Störende Nebengeräusche (Rauschen, Säuseln) beeinträchtigen nicht nur den Klang an sich, sondern wirken sich zudem negativ auf die musikalische Phrasengestaltung aus. Die Blasluft als Bindeglied zwischen Spieler und Instrument und deren Umsetzung in einen möglichst sauberen, großen, trag- und schwingungsfähigen Ton ist und bleibt eine Herausforderung und Lebensaufgabe für den Bläser.

„Tonkrankheiten“ substanzieller Art können nicht durch eine brillante Fingertechnik wegretuschiert werden. Mit einem „gesunden“ tonlichen Material allerdings kann man als Lehrer immer was anfangen, auch wenn die Fingertechnik oder das Rhythmusgefühl (noch) zu wünschen übrig lassen.

Es ist deshalb nicht verwunderlich, dass die Tonbildung einen großen Raum (nicht nur) im Bläser-Instrumentalunterricht einnimmt. Im Folgenden gehe ich kurz auf die typischen, grundsätzlichen Probleme und deren Lösungsmöglichkeiten im Zusammenhang mit der Tonbildung im Instrumentalunterricht ein.

Damit Tonübungen überhaupt fruchten, müssen folgende Voraussetzungen erfüllt werden:

1. Klangliches Vorstellungsvermögen
2. Möglichkeit der körperlichen Umsetzung am Instrument

Es ist ein Unterschied, ob ein Schüler keine Tonvorstellung/Hörwahrnehmung hat oder ob ihm lediglich die Mittel fehlen diese umzusetzen. Meist handelt es sich um eine Mischung aus beidem mit einem Problemschwerpunkt in die eine oder andere Richtung.

Zu Punkt 1: Einen schönen Ton kann man nur dann produzieren, wenn man eine Vorstellung vom Klang hat. Ohne diese Vorstellung (z. B. innerliches Voraushören) ist das Tonergebnis wie ein Glücksspiel. Je präziser die Vorstellung, desto besser ist das klangliche Ergebnis. Was ein Schüler selber nicht hört, kann er nicht verändern. Das Ohr des Schülers muss das Bedürfnis nach Verbesserung haben. Fehlt die Hörwahrnehmung, -empfindung speziell für den jeweiligen Instrumententon und damit auch das klangliche Ziel, kann die Tonqualität auch nicht beeinflusst werden. Der Leidensdruck des Schülers ist letztlich entscheidend für die Veränderung, nicht das Korrekturbedürfnis des Lehrers.

Zu Punkt 2 (körperliche Umsetzung): betrifft Schüler, die ihren schlechten Ton zwar registrieren, aber sozusagen körperlich nicht in der Lage sind daran etwas zu verändern. Sie hören und wollen, können aber nicht. In diesem Fall muss verstärkt am Zusammenspiel Körper-/Instrumentenhaltung, Atmung und Ansatz gearbeitet werden.

Schulung des Hörens einerseits und Körperbewusstsein andererseits lassen sich in der Praxis natürlich nicht voneinander trennen. Zum Beispiel führt eine fundierte Atemarbeit nicht selten dazu, dass das Ohr des Schüler „wachgerüttelt“ wird. Die Entdeckung, dass die Qualität des Klanges etwas mit dem ganzen Körper zu tun hat, entlockt Töne, die die Erwartungen und Vorstellungen des Schülers (und des Lehrers) weit übertreffen und den tonlichen Rahmen deutlich sprengen können. Andererseits kann bewusstes Hinhören die körperliche Umsetzung erleichtern.

Es gibt noch die Variante, dass ein Schüler andere Sorgen hat, obwohl er eigentlich gut hört. Er kann sich den Luxus nicht leisten auf die Tonqualität zu achten, weil er sich um andere substanzielle Spielprobleme kümmern muss. Ein Rhythmus- oder Fingerproblem kann den Schüler so in Beschlag nehmen, dass er seinen Fokus nicht auch noch auf den Ton richten kann. In diesem Fall müssen zuerst andere Probleme aus dem Weg geräumt bzw. außen vor gelassen werden. Die Tonarbeit muss (vorübergehend) von anderen Dingen losgelöst behandelt und dann erst wieder integriert werden.

Die nachfolgenden Ausführungen beschränken sich im Wesentlichen auf den ersten Aspekt, die Arbeit an der Tonvorstellung und Hörwahrnehmung. Das Thema Haltung und Atmung bildet einen eigenen großen Bereich.

Der Tonsuchende muss zunächst einmal eine Vorstellung von (s)einem Idealklang entwickeln, um effizient an der Tonqualität arbeiten zu können. Aufgabe des Lehrers ist es, gemeinsam mit dem Schüler ein Klangziel zu erarbeiten und anzustreben. Natürlich ist die Tonentwicklung ein Prozess. Klangziele können sich verändern, verfeinern und erweitern. Es gibt verschiedene Möglichkeiten, den Schüler für den jeweiligen Instrumentalklang zu sensibilisieren. Auf dem Weg zum eigenen Idealklang benötigt der Schüler klangliche Orientierungshilfen in Form von Klangbeispielen/Klangvorbildern und Vorstellungshilfen.

Als Klangbeispiel bzw. Klangvorbild dient natürlich der Ton des Lehrers. Außerdem sind CD-Aufnahmen und Konzertbesuche hilfreich, um dem unerfahrenen Ohr Höreindrücke zu verschaffen.

Beim Vorspielen muss darauf geachtet werden, dass das, was man damit demonstrieren will, stark übertrieben wird. Feine Abstufungen der Tonqualität kann ein Anfänger oder ein Schüler mit Tonproblemen nur schwer heraushören.

Vorstellungshilfen – Hilfe zur Selbsthilfe

Es gibt die Möglichkeit mit sinnlichen Vorstellungshilfen, mit Vokalvorstellungen und mit Instrumentalvorstellungen zu arbeiten. Bei diesen Methoden wird der Ton mit Phänomenen verglichen, die dem Schüler vertraut sind und somit die Umsetzung erleichtern.

Die Sinnlichkeit des Klanges – oder: Wer nicht hören kann muss fühlen

Obwohl bei der Tonproduktion das Ohr die oberste Instanz ist, kann man den Klang auch fühlen (z. B. durch Vibrationen), „sehen“ (Bildhaftigkeit des Klanges) und sogar „schmecken“. Gisela Rohmert, die Begründerin des Funktionalen Stimmtrainings, spricht in diesem Zusammenhang vom sog. Empfindungshören. Ein Ton kann schillern, schimmern, glitzern, leuchten, glänzen und strahlen. Er kann hart, weich, rau, seidig, geschmeidig, stumpf, scharf, süß oder zart sein. Es gibt blasse, fahle, helle, kräftige, dunkle und farbige Töne.

Beim Vermitteln der Tonvorstellung kann gut mit Bildern und haptischen (den Tastsinn betreffenden) Vergleichen gearbeitet werden. Vorstellungshilfen müssen natürlich nicht zwangsläufig nur aus dem musikalischen Bereich stammen. Es können alle möglichen Lebensbereiche und Alltagsgeschehnisse in die Vorstellungswelt mit einfließen. Nach dem Motto „Wer hilft, hat recht“ sind es gerade die absurden Dinge, die in unserem Gehirn haften bleiben und den berühmten Groschen zum Fallen bringen. Ich erinnere mich an eine Schülerin mit einem sehr rauen, groben, harten Ton. Ich empfahl ihr sich während des Spielens vorzustellen, dass sie das seidige Fell ihrer Katze streichelt. Durch diese Assoziation wurde der Ton sofort weicher, geschmeidiger und glatter. Weitere Vergleiche und Beispiele werden weiter unten bei den speziellen Tonproblemen angeführt.

Das Reich der Töne und die Vokalarbeit

Jeder Ton hat sowohl einen hellen „I“-Anteil (Obertönigkeit) als auch einen dunklen „U“-Anteil (Grundtönigkeit). Schlägt man z. B. eine Klangschale mit dem Klöppel an, hört man einerseits einen dunklen gongartigen Klang und andererseits einen silbrig hellen Klanganteil. Das gilt für hohe und tiefe Töne gleichermaßen. Auch ein tiefer Ton hat helle, ein hoher Ton dunkle Anteile. Bei Tonproblemen in der Tiefe kann es hilfreich sein, die hohen Anteile herauszuhören und bei Schwierigkeiten in der Höhe muss man sich die tiefen Klanganteile bewusst machen. Im Idealfall verschmelzen die beiden Anteile zu einer klanglichen Einheit. Der helle und dunkle Anteil mischen sich und müssen gegebenenfalls klanglich ausbalanciert werden.

Die Tatsache, dass sich in jedem Ton Klanganteile befinden, die an Vokale erinnern, kann man sich für die Tonarbeit zunutze machen. *„Der sprachlichen Artikulation entsprechend finden wir auch in der Blastechnik konsonantische und vokalische Bildungen vor, die wir als Artikulationskonsonanten bzw. -vokale bezeichnen.“*[30] Stellt man sich während des Töneblasens einen (lautlosen) Vokal vor, wirkt sich dies auf den Mundraum und somit auch auf die Klangfarbe und Klangqualität des jeweiligen Tones aus. Die Klangfarbe des Tones ändert sich je nach dem, welcher Vokal als Klangvorbild benutzt wird. Eine „I“- oder „E“-Vorstellung führt zu einer Verengung oder auch zu einer Aufhellung des Tones. Ein „A“ macht den Ton offener, durch das „O“ wird der Ton rund, ein „U“ dunkelt den Ton ab, „Ö“ und „Ü“ sind Mischformen. Bei der Ton- und Ansatzbildung im Querflöten-Anfängerunterricht hat sich beispielsweise die Artikulationssilbe „Tö“ bzw. „Dö“ bewährt. Das „T“ oder „D“ steht für den Zungenstoß und das „Ö“ ist der Stellvertreter für Flötenklang. Die „Ö“-Vorstellung führt normalerweise zu einem schönen, runden, kompakten Klang.

[30] *Richter, Werner:* Bewusste Flötentechnik. Zimmermann Verlag, Frankfurt am Main, 1986. S. 109.

Instrumentenklangfarben als Klangvorbilder und Vorstellungshilfe

Bei den Instrumental-Klangvorstellungen wird der jeweilige Instrumententon mit anderen Instrumenten verglichen. Man kann dadurch nicht nur die Tonqualität beeinflussen, sondern auch die Klangfarbenpalette erweitern.

Um einen hohen Oboen- oder Klarinettenton zu verfeinern, kann sich der Spieler vorstellen, dass es sich um einen Flötenton handelt. Die Vorstellung von einem tiefen Klarinetten-, Horn- oder Celloton verhilft dem Flötisten zu mehr Substanz, Leuchtkraft und Tongröße in der Tiefe.

Der (tiefe) Klarinetten- oder Posaunenton eignet sich als Vergleich, wenn man weiche, warme, samtige Klanganteile herausarbeiten will. Ein Trompeten- oder Sopran-/Alt-Saxophonton dient als Vorbild für einen metallischen, hellen, silbrigen Klang. Ein Tenorsaxophon-Ton kann mit einer holzigen Fagott-Tonvorstellung „geglättet" werden. Und umgekehrt kann das Tenorsaxophon als „stählernes" Klangvorbild für das Fagott dienen. Je nach Geschmack, Vorlieben und Hörerfahrung kann man sich am Klangfarbenreichtum der jeweiligen Instrumente bedienen und diese als Hörvorstellungshilfe nutzen.

Nebengeräusche

Die weitgehende Nebengeräuschfreiheit ist ein wichtiges Kriterium für Tonqualität. Das störende „Rauschen", z. B. beim Flötenton, ist ein klanglicher Makel, der selbst von Nichtmusikern sofort registriert und bemängelt wird. Unsere Ohren bevorzugen einen sauberen, klaren Ton. Eine glockenreine Knabenstimme versetzt uns in Entzücken und erwärmt unser Herz.

Das Ansetzen des Instruments, der Blaswinkel und das Material (Kopfstück, Mundstück, Blätter) haben natürlich einen zum Teil erheblichen Einfluss auf die Tonproduktion und Klangqualität. Darauf soll in diesem Zusammenhang jedoch nicht eingegangen werden.

Im Folgenden werden zwei typische „Tonkrankheiten" und deren kreative Therapieansätze vorgestellt.

Vom Winde verweht – der luftige Ton

Ist der Ton zu luftig, eben „rauschig", kann kein fokussierter Blasstrahl gebildet werden. Der Spieler bläst mit zu viel Luftmenge und zu wenig Luftdruck. Das Konto Luft geben/Klang bekommen ist nicht ausgeglichen. Er gibt mehr als er bekommt und je weniger Klang zurückkommt, desto mehr Luft bläst er ins Instrument hinein. Die Lippendüse ist zu weit und/oder die Stützkraft zu schwach. Stützkraft und Lippen- bzw. Ansatzwiderstand sind nicht ausgewogen. Deshalb ist es wichtig, den Schüler von dem Irrtum „Viel Luft geben = viel Klang bekommen" wegzulocken und zu einer ökonomischen Kraftverteilung hinzuführen. Dabei ist es hilfreich mit der gegenteiligen Vorstellung, nämlich den Ton quasi einzusaugen, zu arbeiten. Es müssen Soggefühle und „zusammenziehende" Vergleiche gefunden werden, um den Blasstrahl zu fokussieren und damit den Klang zu verschmälern (Klangkonzentration). Als vorbereitende Übung kann man einen beliebigen Ton pfeifen, und zwar auf die Einatmung. Dieser Pfeifton während der Einatmung lenkt den Fokus vom Luftgeben auf das Klangbekommen. Man spürt auch die schmale Luftspur in der Mitte des Gaumens ähnlich wie beim

„Einsaugen" einer Spaghetti-Nudel. „Saugen" statt blasen ist das Mittel der Wahl für den Luftverschwender. Gute Sänger, bei denen Geben und Bekommen ausgeglichen ist, „atmen ihre Töne ein". Es geht letztlich darum, die Luft „im Mund" zu lassen, den Klang „einzustülpen", im Körperinneren zu intensivieren und nicht darum große Luftmengen mit viel körperlichem Aufwand irgendwohin zu blasen. Dieses „Nach-innen-Ziehen" des Tones erinnert den Schüler daran, das man beim Spielen nicht nur aktiv bläst, sondern auch passiv berieselt wird. Beim Spielen kann man sich vorstellen, dass man die Luft gegen die Innenseite des Gesichtes spielt. Dieses Blasen gegen eine „Begrenzung" bündelt die Luft und erzeugt ein Widerstandsgefühl. Die Luft verpufft nicht, sondern wird in einen kernigen Klang umgewandelt. Da der großzügige Luftikus, wie gesagt, sehr damit beschäftigt ist viel Luft nach draußen zu befördern, hilft es auch sich vorzustellen, dass der Ton nach hinten oben geblasen wird („Walfischfontänen-Töne"). Dieses Bild verwende ich gerne für die hohe Lage („Kopftöne"). Außerdem verringert sich durch diese „Hinterkopf-Vorstellung" das oft mit dem Blasen einhergehende Vorschieben des Kopfes.

Es gibt noch weitere Möglichkeiten, den Klang zu verschmälern: Zum Beispiel kann das Ohr des Schülers auf den hellen, scharfen, metallischen (stählernen) Anteil des Tones gelenkt werden. Der Luftstrahl ist fein, dünn, kristallklar, vielleicht sogar kalt oder „eisig". Der Ton „schmeckt" sauer oder salzig. Da man den Luftstrahl nicht sieht, sondern nur seine klanglichen Auswirkungen hört, ist es unter Umständen hilfreich, sich den Luftstrahl als gebündelten Lichtstrahl vorzustellen, der sich durch die Mitte des Tones bohrt.

Theoretisch kann die „Überschwemmung" des Tones mit Luft anhand des Blumengießens erläutert werden: Eine einzige Blume (ein Ton) benötigt einen gezielten, gebündelten Wasserstrahl aus einem kleinen Gießkännchen. Niemand würde auf die Idee kommen über das „arme Blümchen" einen Eimer voll Wasser zu schütten. Auch der Vergleich mit dem Wasserstrahl, der aus einer Wasserpistole kommt, bietet sich hier an.

Schüler, deren Ton zu wenig Biss hat, haben meist zu wenig Gesamtkörperspannung und zu wenig körperliche Stabilität: Ihnen fehlt die Kraft aus der Mitte. Oft handelt es sich um hypermobile Menschen, die, auch wenn sie sich beim Spielen anstrengen, immer ein wenig lasch und „unterspannt" aussehen. Dieses unausgeglichene Kräfteverhältnis führt dann beispielsweise eben dazu, dass der Schüler nicht den Luftdruck erhöht, sondern die Luft**menge,** obwohl er eigentlich den Luft**druck** meint. Dafür macht sich die erhöhte Spannung möglicherweise an einer anderen Stelle bemerkbar, z. B. durch festeres Drücken mit den Fingern auf die Klappen oder Verspannungen im oberen Rumpfbereich.

Der „geizige Luftikus" und sein enger Ton

Das Gegenteil ist der zu feste, harte, enge Klang, der natürlich auch mit Nebengeräuschen (Säuseln und Zischeln) einhergeht. In diesem Fall ist die Lippendüse zu eng. Der Spieler arbeitet mit Lippendruck statt mit der Stütze. Die Lippen bilden in diesem Fall nicht den Gegendruck zur Stütze, sondern sie führen ein Eigen(druck)leben auf Kosten der Tonqualität. Dahinter steckt meist die Angst, den Ton nicht zu erwischen. Diese Schüler gehen auf Nummer sicher: Es ist ihnen lieber den Ton irgendwie zu erreichen als gar nicht. Der Luftverschwender (s. o.) arbeitet nach dem „Schrotflintenprinzip" (irgendeine Kugel wird schon treffen) mit zu viel Luftmenge, während dieser Typ die Luft mit den Lippen festhält und nicht loslässt. Diese Schüler überschätzen den Einfluss des Ansatzes auf die Tonbildung. Sie gehen irrtümlicherweise (oft unbewusst) davon aus, dass die Töne mit dem Ansatz produziert werden. Die Töne werden jedoch mit der Luft erzeugt und durch die „Ansatzdüse" lediglich geformt. Der Ansatz ist der „Diener" der Stütze. Unser „Motor" ist die Stütze, der Luftdruck, der Atemapparat also letztlich die Gesamtkörperspannung und eben nicht (nur) der Ansatz.

Der Ansatz ist in der Regel nicht allein „schuld". Der gesamte Phonationsbereich (Zunge, Kehlkopf) fungiert quasi als Ersatzstütze. Die Luft fließt nicht, der Ton ist eng und klein und kann sich nicht entfalten.

In diesem Fall muss an der „Durchlässigkeit" gearbeitet werden. Es müssen „aufweichende" Vergleiche gefunden werden, die zu einer Verbreiterung des Klanges führen. Der Spieler muss sich trauen, die Luft loszulassen. Ein Teil der Therapie besteht darin, absichtlich einen rauschigen, porösen, wattigen, „flauschigen", „luftigen" Ton zu spielen. Der Ton kommt „zu den Ohren raus" oder geht „durch die Augen". Der dunkle, weiche Anteil des Tones muss hörend erfasst werden. Der Luftstrahl ist „warm", der Ton „schmeckt" süß. Auch mit Farben und Stoffqualitäten kann gearbeitet werden. Ein harter, enger Ton klingt meist grell, spitz und spröde. So, als wäre er giftgrün oder knallpink. Schlagen Sie dem Schüler vor, er solle sich den Ton pastellfarben, meliert, samtweich oder seidig vorstellen. Für die tiefe Lage verwende ich manchmal den Vergleich mit dem Nebelhorn eines Schiffes. Es kann passieren, dass der Ton erst einmal zu weich und luftig wird, bevor er sich in die richtige Spannung einpendelt.

Ergänzend dazu kann es hilfreich sein dem Schüler einen Klang bildlich zu zeigen, damit er sieht, dass der Klang ein vielschichtiges Gebilde ist, der aus mehreren Teiltönen besteht.

Wenn der Hals „eng" ist, kann mit der Vorstellung des Hauchens (während des Blasens) oder mit dem Gefühl von „Watte im Hals" gearbeitet werden. Dadurch wird der Blasstrahl weicher und voluminöser. Singen und gleichzeitig Spielen ist ebenfalls hilfreich, und zwar aus folgendem Grund: Durch die Stimmgebung während des Blasens wird ein Engegefühl im Hals provoziert und damit bewusst gemacht. Das, was man weghaben möchte wird zunächst absichtlich erzeugt. Wenn man spürt, wie man eine Verkrampfung im Halsbereich aufbaut, kann diese leichter weggelassen werden. Entspannen heißt zu wissen, wo die Verspannung ist. Das Weglassen der Singstimme wird als Erleichterung empfunden und macht den Hals auf. Ähnliches gilt für Verspannungen im Kieferbereich. Die Ansatzformung ist eine Sache der Lippen. Es kann aber leicht passieren, dass während des Blasens Kiefer- und Kaumuskeln angespannt werden, die eigentlich für das Zubeißen zuständig sind. Wir müssen aber nicht „beißen", sondern die Lippen so formen, dass ein kleiner Lippenspalt entsteht, durch den dann die Luft geblasen wird. Das gilt im Prinzip für jedes Blasinstrument, egal ob die Luftsäule (Flöte), das (Doppelrohr-)Blatt (Oboe, Fagott, Klarinette, Saxophon) oder die Lippen (Blechbläser) zum Schwingen gebracht werden. Es spielt auch keine Rolle, ob sich das Mund- bzw. Kopfstück an der Lippe (Flöte), auf den Lippen (Blechbläser) oder zwischen den Lippen (Klarinette, Oboe, Fagott, Saxophon) befindet. Die Luft wird mit relativ hohem Druck durch die Lippen geblasen. Dazu muss man den Mund innen auflassen (Unterkiefer lockern, aber nicht nach unten ziehen) und gleichzeitig die Lippen (fast) schließen.

Wenn der Ton aufgrund von Fehlspannungen im Ansatz-, Gesichts- und Halsbereich zu eng ist, kommt man nicht umhin am sog. Spannungsausgleich zu arbeiten. Fehlende Stützspannung im Unterkörper, ein weit verbreitetes Phänomen gerade bei Schülern, führt zu Ausgleichsaktivitäten im Oberkörper und damit zu klanglich unbefriedigenden Ergebnissen. Es muss zum einen ein stabiles aber flexibles Sicherheitsnetz ausgespannt werden, das die Töne trägt, und zum anderen eine innere Verbindung zwischen Stütze und Ansatz hergestellt werden. Die Ausbildung der Atem- und Stützkräfte schafft Sicherheit und Vertrauen in die eigene Tonproduktion. Dadurch fällt es dem Schüler verständlicherweise leichter den Ton loszulassen und schwingen zu lassen. Er braucht ihn nicht mehr verkrampft mit den Lippen festzuhalten. Dies ist natürlich leichter gesagt als getan. Es geht dabei immer wieder darum, einen Ausgleich zu schaffen zwischen dem Luftloslassen einerseits und der stabilen Luftführung andererseits mittels angemessener Körperspannung. Eine einfache (Ansatz-)Lockerungsübung sieht z. B. so aus, dass man die Fersen leicht vom Boden abhebt und ganz wenig aber sehr schnell auf- und abfedert, also quasi vibriert. Gleichzeitig wird ohne Instrument das Blasen (mit Ansatzbildung) simuliert. Der ganze Körper und der Luftstrahl werden von den Füßen ausgehend so schnell „durchgeschüttelt", dass der verkrampfte Phonationsbereich „außer Kontrolle" gerät und gelockert wird.

Last but not least gibt es natürlich auch den Sowohl-als-auch-Typ. Hier vereinigen sich der Luftverschwender und der Luftfesthalter in einer Person. Beim Querflötenspiel wird dann z. B. in der hohen Lage gequetscht und in der Tiefe klingt es luftig und flach. Hier müssen gesondert für die jeweilige Lage beide Lösungsstrategien angewendet werden. Bis zu einem gewissen Grad kann man beim Anfängerunterricht vorbeugend entgegenwirken: Der Dreh- und Angelpunkt bildet bei der Querflöte das d". Dieser Ton ist kein richtiger tiefer Ton mehr, aber auch kein Überblaston. Der gefühlsmäßige und blastechnische Unterschied zwischen d" und e" ist relativ groß, obwohl zwischen beiden nur ein Ton Unterschied besteht. Ich verweile beim Anfängerunterricht verhältnismäßig lange in der ersten Lage und arbeite viele Stücke mit dem Ton d", damit sich dieser „Übergangston" klanglich stabilisiert. Es ergibt keinen Sinn zu überblasen, wenn die Basistöne nicht sicher genug sitzen. Zu dieser Erkenntnis bin ich sozusagen rückwirkend gelangt, weil ich festgestellt habe, dass bei tonlichen Problemen in der Höhe und Mittellage immer die Tiefe miteinbezogen werden muss. Aus einer hauchigen, substanzlosen Tiefe kann keine strahlende, kräftige Höhe erwachsen. „Gesunde" und kernige tiefe Töne bilden somit das Sprungbrett für die Höhe.

Das prinzipielle Problem bei Bläsern besteht darin, dass die Arbeit am Ton im Vergleich zur Fingertechnik zumindest am Anfang ein anspruchsvolleres Unterfangen darstellt. Meist hinkt die klangliche der fingertechnischen Entwicklung hinterher. Gibt man bei Anfängern den Fingern, d. h. dem Einstudieren der Griffe Priorität vor der Tonbildung, steht man später möglicherweise vor folgendem Problem: Der Schüler beherrscht sämtliche Griffe in allen Lagen, aber es klingt nicht gut. Wird nun die Stückeauswahl nach dem fingertechnischen und nicht nach dem tontechnischen Stand ausgerichtet, übt der Schüler seinen schlechten Klang mit sämtlichen dazugehörigen Unzulänglichkeiten regelrecht ein, weil er immer nur auf die fingertechnische Bewältigung des Stückes fixiert ist und nicht gelernt hat, klangliche Aspekte in seine Arbeit miteinzubeziehen. Spätestens dann muss man ohnehin wieder „back to the roots", d. h., man versucht klangliche Schritte nachzuholen, die im Anfangsstadium übergangen worden sind.

Für die Klangstabilisierung in der Tiefe schlage ich Ihnen folgende Übung vor: Singen Sie mit Ihrem Schüler (sofern dies stimmlich möglich ist) tiefe, relativ laute Töne auf den Vokal „A" mit der Bruststimme in der kleinen Oktave. Dieser schnarrende, brummelige, kribbelige, sonore und etwas dröhnende Brustklang, der manchmal sogar bis in den Bauch hinunter spürbar ist, dient als klangliche Vorlage für eine leuchtende, jedoch weiche Tiefe. Ich singe mit dem Schüler immer nur einen dieser Töne evtl. mehrmals und übertrage ihn sofort ohne Zwischenkommentar auf das Instrument (im

Falle der Querflöte ist das dann eine Oktave höher, also z. B. kleines „h“ gesungen und h' gespielt). Kann der Schüler die Töne nicht singen, singe ich die Brusttöne vor und der Schüler spielt meine stimmliche Vorlage nach. Die klanglichen Aspekte des Funktionalen Stimmtrainings nach Gisela Rohmert, das ich seit Jahren praktiziere, sind mir dabei eine große Hilfe.

Vorbild-Töne

Für die Arbeit an der Klangqualität, werden normalerweise die „schwarzen Schafe“, also diejenigen Töne herausgepickt, die nicht gut klingen. Besser ist es, soweit vorhanden, schön klingende Töne als klangliches Vorbild für die schlechteren zu benutzen. Die Tonstudien von Marcel Moyse „De la sonorite“ basieren auf diesem Prinzip. Der Schüler spielt einen Ton, der ihm gut gelingt und überträgt das, was er dabei hört und fühlt, auf die „kranken“ Töne. Ist der Klang durchweg inakzeptabel, sucht man sich einen Ton, der zum Vorbild-Ton „herangezüchtet“ wird. Das h', das d'' und das d''' auf der Querflöte sind z. B. solche Töne, die relativ leicht ansprechen und sich gut als Tonangeber eignen. Die an diesen Tönen erarbeitete Klangqualität kann dann nach und nach auf die Nachbartöne übertragen werden. Die schwachen Töne „lernen“ von den „gesunden“ und der Schüler entspannt sich, weil er auf diese Weise Bestätigung erfährt. Er kann bereits wohlklingende Töne produzieren und braucht diese Fähigkeit lediglich „flächendeckend“ auf die restlichen Töne zu übertragen.

Ton und Phrasengestaltung

Tonübungen sollten nicht nur auf das Aushalten von Tönen beschränkt werden. Einzelne Abschnitte aus einfachen Volksliedern, transponiert in mehrere Tonarten, eignen sich hervorragend als Tonübung. Auch entsprechende Passagen oder einzelne Intervalle aus dem Stück, das gerade erarbeitet wird, können als Tonübung dienen. Für fortgeschrittene Schüler eignen sich Gesangsvokalisen, Kunstlieder, lyrische Arien und langsame melodische Etüden. Für die Arbeit mit Jugendlichen empfehle ich Popballaden und langsame Songs aus Musicals.

Zusammenfassung

- Lassen Sie den Schüler niemals planlos Töne aushalten. Die geduldige Erarbeitung einer bestimmten Tonqualität anhand eines einzigen Tones kann mehr bewirken als das pflichtgemäße Absolvieren einer umfangreichen Tonübung.
- Tonübungen sind immer auch Hör- und Atemübungen!
- Kombinieren Sie Tonübungen mit Phrasenbildung.
- Suchen ist zunächst wichtiger als Finden („Trial-and-Error“-Prozess).
- Unterbrechen Sie den Schüler nicht während einer guten Phase! Wenn der Schüler einen schönen Ton erwischt und man ihn darauf aufmerksam macht, will er den nächsten genauso gut spielen. Dieser Erwartungsdruck kann dazu führen, dass er an die vorherige Form nicht mehr anknüpfen kann.
- Geben Sie dem Schüler genügend Zeit neue klangliche Aspekte und Höreindrücke zu verarbeiten und auszuprobieren.

- Bieten Sie Tonübungen als „Echo“- oder „Pingpong“-Spiel (Lehrer spielt vor, Schüler spielt nach).
- Beziehen Sie als Hilfsmittel Vokalvorstellungen und sinnliche Vergleiche mit ein.
- Arbeiten Sie mit instrumentalen Klangvorstellungen (z. B. Klarinettenton oder Tuba für samtige Weichheit, Trompeten- und Oboenton für helle Klarheit). Der Schüler muss natürlich mit der Klangfarbe der jeweiligen Instrumente vertraut sein.

Aus dem Geschilderten wird klar, dass die Tonbildung eine komplexe, umfangreiche und diffizile Arbeit ist, die viel Feingefühl, Geduld und Können voraussetzt. Das Suchen des eigenen Klanges braucht Zeit, Reife und Ausdauer und ist immer mit einer Sensibilisierung des Gehörs verbunden. Dramatische Tonverbesserungen innerhalb kurzer Zeit sind selten und meist nicht von Dauer. Manchmal dauert es trotz aller Bemühungen Jahre, bis sich ein echter Fortschritt im tonlichen Bereich bemerkbar macht.

Schüler sind wahre Schatztruhen und Wundertüten, was die klangliche Entwicklung anbelangt. Gerade durch die Analyse der Resulate tonlich weniger begabter Schüler, die eben nicht lehrbuchkonform reagieren, kann man als Lehrer enorm profitieren und dadurch das eigene didaktische Repertoire erweitern. Die Art der Tonproduktion spiegelt nicht zuletzt einen Teil der jeweiligen Persönlichkeit wider. Eine Einflussnahme von außen ist deshalb nur begrenzt möglich und bleibt wirkungslos, wenn der Schüler nicht genauso hört und empfindet wie der Lehrer. Der individuelle Ton des Schülers muss erkannt und gefördert werden. Auch noch so gut gemeinte Empfehlungen des Lehrers können fehlschlagen, wenn der Schüler nicht bereit dafür ist. Diese Erkenntnis sollte uns Lehrer demütig und verständnisvoll gegenüber den Schwächen und Schwierigkeiten der so genannten „Ton-Problemfälle“ machen.

Bevor das Kind zum Musikinstrument greift, sollte sich ein gewisses Klangvorstellungsvermögen schon entwickelt haben. Denn die Instrumente sind als Hilfsmittel aufzufassen, innere Vorstellungen auf vielfältige Weise auszudrücken.
Walter Biedermann

Phrasengestaltung

Für die Gestaltung einer musikalischen Phrase sind zwei Dinge entscheidend: Die geistig-musikalische Vorstellung für eine bestimmte Melodie (inneres Voraushören) und die Möglichkeit der (ton)technischen Umsetzung. Eine wissenschaftliche Untersuchung hat ergeben, dass Profimusiker bereits Töne innerlich hören, obwohl sie die entsprechenden Noten nur sehen, aber (noch) nicht spielen. Sie werden vielleicht selbst schon eine ähnliche Erfahrung gemacht haben, wenn Sie unbekanntes Notenmaterial aussuchen. Man blättert durch die Hefte und stellt sich vor, wie das klingen könnte. Ich habe schon so einige Stücke nach dem „Aussehen“ gekauft. Im Großen und Ganzen können wir davon ausgehen, dass unsere (durchschnittlich begabten) Schüler über diese Art der musikalischen

Vorstellung nicht verfügen. Mir ist es vergönnt in meiner Schule eine Reihe von Querflötenschülern unterrichten zu dürfen, die außerdem noch in einem hervorragenden Chor mitsingen. Die Chorschularbeit umfasst Stimmbildungsunterricht und das Einstudieren musikalisch ausgesprochen wertvoller Chorliteratur. Es leuchtet ein, dass die Gesangsausbildung, vor allem was die Phrasengestaltung anbelangt, diesen Schülern beim Spiel mit dem Instrument zugute kommt.

Singen fördert die musikalische Vorstellung. Je mehr tonales Material der Schüler im Kopf bzw. im Ohr hat, desto schneller erkennt er musikalische Zusammenhänge. In der Regel gelingt dem Schüler die Phrasengestaltung beim Singen besser als beim Spielen. Da selbst eine stimmtechnisch schlecht gesungene Phrase bei vielen Schülern ausdrucksvoller klingt als ihr Instrumentalspiel, ist das Singen im Unterricht nach wie vor ein bewährtes Mittel, um Schülern musikalisch klingende Phrasen zu entlocken. Beim Spiel auf dem Instrument werden Töne monoton zusammengeklaubt und beim Singen hört man dann plötzlich melodische Bögen. Die Gefahr des „Buchstabierens", also des Ton-für-Ton-Spielens ohne musikalischen Zusammenhang, ist beim Singen schon allein deshalb geringer, weil griff- bzw. fingertechnische Probleme entfallen. Kindern gelingt übrigens das Zuspielen auf einen musikalischen Höhepunkt leichter, wenn sie sich dabei vorstellen, dass sich die Töne auf den Zielton „freuen". Man verspürt während des musikalischen „Anstiegs" innerlich sozusagen einen erwartungsfrohen, unerbittlichen Drang. Die Töne erhalten dadurch eine Richtung und werden nicht orientierungslos aneinandergereiht. Dabei entsteht automatisch auch ein „Mini-Crescendo". Das Voraushören und -lesen sowie das Zuspielen auf Zielpunkte ist naturgemäß vor allem bei langsamen Sätzen besonders schwierig. Spielt der Schüler statisch und schwerfällig, schlage ich ihm z. B. vor, er solle sich die Töne auf einem Fließband vorstellen. Je nach Tempo bewegt sich das Band dann schneller oder langsamer.

Den Schüler zum Singen zu animieren ist daher auf jeden Fall sinnvoll, egal ob er ein Saiten-, Tasten- oder Blasinstrument spielt. Singen Sie mit dem Schüler einzelne Phrasen (notfalls transponiert) aus dem Stück, das er gerade spielt. Der Schüler traut sich eher und fühlt sich sicherer, wenn Sie (zunächst lauter als der Schüler) mitsingen und evtl. auch die Melodie und/oder die Harmonien auf dem Klavier oder einem Saiteninstrument dazuspielen. Fragen Sie den Schüler nicht, ob er singen kann oder will, tun Sie's einfach. Trällern Sie mit ihm hemmungslos drauflos und loben Sie ihn „über den grünen Klee", auch wenn er mehr falsche Töne als richtige gesungen hat. Machen Sie ihm glaubwürdig klar, dass es Ihnen nicht um das einwandfreie Treffen der Töne oder um stimmliche Höchstleistungen geht, sondern um das musikalische Kennenlernen der Melodie. Wirkliche Scheu haben Schüler normalerweise nur, falls Ihnen das Singen selbst auch unangenehm ist. In diesem Fall müssen Sie erst einmal bei sich anfangen, indem Sie Ihr stimmliches Potential entdecken, zur Entfaltung bringen und vor allem immer wieder im Unterricht einsetzen. Für Lehrer, die ein Blasinstrument unterrichten, ist es ohnehin angebracht, allein schon aus atemtechnischen Gründen, sich mit Stimmbildung zu beschäftigen. Singen im Unterricht sollte zu einer absoluten Selbstverständlichkeit werden. Lassen Sie (anfangs) den Schüler niemals alleine (vor)singen. Ich kenne Erwachsene, die das Vorsingen in der Schule als traumatisches Erlebnis in Erinnerung haben. Das möchte ich meinen Schülern auf jeden Fall ersparen.

Ein ganz anderes Problem ist es, wenn Schüler ihre gesangliche Phrasengestaltung nicht oder nicht genügend auf ihr Instrument übertragen können. Man spürt dann zwar die musikalische Absicht, hört aber nicht die klangliche Wirkung. Ein atem- bzw. stütztechnisches Problem beim Bläser kann die Phrasengestaltung sehr erschweren, da die Tonproduktion von der Luftführung abhängt. Hat ein Schüler Schwierigkeiten mit breiten Tenuto-Tönen, hilft die Vorstellung, dass die Töne mit breiten Pinselstrichen „an die Wand gemalt" werden.

Was für den Bläser die Luftführung ist, stellt für den Streicher die Bogenführung dar. Eine mangelhafte Bogentechnik kann die musikalische Gestaltung einer Phrase sehr behindern. Ein Klavierschüler mit einer sog. Hypermobilität (Überbeweglichkeit) in den Gelenken, der seine Finger nicht so stabilisieren kann, wie es für die Erzeugung einer musikalischen Spannung nötig wäre, tut sich schwer mit der Phrasengestaltung, auch wenn er ausdrucksstark singen kann.

Unter der sog. musikalischen Spannung verstehe ich im Übrigen nicht nur die harmonischen Spannungen, sondern vor allem auch die Beziehungen zwischen den Melodietönen. *„Ein Notentext ist noch nicht „Musik". Musik entsteht erst in der durch den Text hervorgerufenen inneren Vorstellung oder in der akustischen Realisierung. Sie ist streng genommen nicht notierbar und muss „zwischen den Zeilen" gelesen werden."*[31]

Ich erkläre Kindern manchmal, dass (Melodie-)Töne, unabhängig von der Artikulation, eine klangliche Verbindung untereinander haben, so als wären sie farbige Perlen, die auf einer Kette aufgereiht sind oder bunte Männchen, die sich an den Händen halten. Das ist vielen Schülern nicht wirklich klar, weil sie das nicht dem Notentext entnehmen, also nicht sehen können. Man hört es jedoch, vorausgesetzt, man verfügt über genügend musikalische Erfahrungen durch Singen und Hören von Musik. Fehlt dies, sind die Töne für den Schüler nur einzelne, zusammenhanglose schwarze Punkte, die mechanisch aufs Instrument übertragen werden. Ich beobachte das immer, wenn ich so einem musikalischen „Analphabeten" neue Stücke und Lieder für die nächste Unterrichtsstunde aufgebe. Was ich da zu hören bekomme, hat mit dem, was in den Noten steht, nur insofern etwas zu tun, als es sich um die richtige Tonhöhe handelt. Rhythmus, Phrasengestaltung, alles Fehlanzeige. Diese Schüler sagen dann immer zu mir, dass sie mit dem Stück nichts anfangen konnten, weil sie die Melodie nicht kennen. Im Unterricht muss dann sehr viel Zeit aufgewendet werden, den Schüler abschnittweise mit dem Stück bekannt zu machen, z. B. durch Vorspielen und Nachspielen, Singen und Klatschen usw. Ich bin dazu übergegangen, die neuen Hausaufgaben-Stücke für den Schüler am Ende des Unterrichts auf Kassette aufzunehmen. Der Schüler hört dann das neue Stück im Unterricht während der Aufnahme und er kann es zu Hause beliebig oft anhören. Das funktioniert natürlich nur, wenn Lehrer und Schüler ein Kassettengerät besitzen und der Schüler daran denkt, die Kassette jedes Mal wieder zum Unterricht mitzubringen. Zum Glück gibt es inzwischen genügend Literatur mit CD, die diese Art der autodidaktischen Arbeit erleichtert.

Ob ein Schüler das Gefühl für Phrasierung hat, kann man übrigens daran erkennen, wo er erneut einsetzt, wenn er sich mitten in einer Phrase verspielt. Ein musikalischer Schüler spielt in der Regel die ganze Phrase noch einmal bzw. spielt an einer anderen passenden Stelle weiter. Ein Schüler, der kein Phrasengefühl hat, fängt irgendwo an, wo es musikalisch gar keinen Sinn ergibt, weil seine Ohren nicht wahrnehmen, was er überhaupt spielt.

[31] *Graf, Peter-Lukas:* Interpretation. Grundregeln zur Melodiegestaltung. Schott Verlag, Mainz, 1996. S. 7.

Einfache Phrasen aus Volksliedern (z. B. die erste Phrase aus „Der Mond ist aufgegangen"), die fingertechnisch nicht schwer sind, eignen sich gut als Ton- oder Phrasengestaltungsübung. Solche Liedausschnitte können gut in mehrere Tonarten transponiert werden, um den Lerneffekt zu erhöhen. Achten Sie darauf, dass sie möglichst solche Melodien auswählen, die der Schüler schon kennt. Ich spiele sehr gerne Gesangsvokalisen und Opernarien. Aber für viele Schüler ist das zu anspruchsvoll, weil sie die entsprechende Gesangsliteratur im Original nicht kennen.

Der Vollständigkeit halber möchte ich noch erwähnen, dass dem Schüler unbedingt der Unterschied zwischen Phrasierungsbogen, Legatobogen und Haltebogen erklärt werden muss, am besten anhand eines Stückes, in dem alle drei Bogenarten vorkommen. Ich habe immer wieder die Erfahrung gemacht, dass Kollegen das Setzen von Legatobögen als Phrasierung bezeichnen. Artikulation und Phrasierung sollten beim Unterrichten und auch sonst nicht in einen Topf geworfen werden.

Manch Verstecktes ist auf Entdecken durch Erfinden angewiesen.
Dr. phil. Manfred Hinrich

Improvisation – die Grenzen sprengen

Machen Sie auch einen großen Bogen um das Thema Improvisation? Dann geht es Ihnen vermutlich nicht anders als den meisten Instrumentallehrern. Improvisation ist das Stiefkind des Instrumentalunterrichts. Das merken Sie schon daran, dass ich (völlig unbeabsichtigt) erst am Ende dieses Buches darauf zu sprechen komme. Auch ich wollte von diesem Tabu lange Zeit nichts wissen. Nicht weil es mich nicht interessiert hätte, sondern weil ich ehrlich gesagt Angst davor hatte. „Irgendwas ohne Noten" zu spielen war für mich ein schauderhafter Gedanke. Insgeheim beneidete ich so manchen Schüler, der auf dem Instrument Melodien erfand und sich einen Teufel um Perfektion scherte. Als Kind habe ich oft stundenlang ohne Noten vor mich hin gesungen oder gespielt. Ich frage mich, wann und wo diese Unbefangenheit des spontanen Musizierens verloren gegangen ist. Der Hauptgrund, warum sich ein Instrumentallehrer mit diesem Thema beschäftigen sollte, ist die Tatsache, dass die meisten Schüler einen Mordsspaß am Improvisieren haben. Für viele Instrumentalschüler ist es eine große Erleichterung, wenn Kreativität nicht mit Leistung verknüpft wird. Der Druck etwas gut und richtig machen zu müssen, fällt fast komplett weg. Selbst Schüler in der Pubertät reagieren auf dieses Thema erstaunlich begeistert und unvoreingenommen. Ich kann nur jeden Instrumentallehrer, der damit noch keinerlei Erfahrung besitzt, ermutigen sich ans Improvisieren heranzutasten. Sie werden staunen, wie Schüler damit aus der Reserve gelockt werden können.

Nun möchte ich Sie noch ein wenig mit Tipps versorgen, wie man sich am besten „gefahrlos" dem Thema Improvisation annähert: Meine ersten Erfahrungen mit Improvisation als Erwachsener waren eher zufällig. Eine Freundin schleppte mich eines Tages zu einem Volkshochschulkurs. Ich wusste nicht, worum es ging, nur dass es irgendwas mit Tangotanzen zu tun hatte. Es stellte sich heraus, dass es sich um freie Tanzimprovisation zu Tangomusik handelt. Da der Tango ein Spiel zwischen Nähe und Distanz darstellt, war auch viel Partner- und Gruppenarbeit dabei. Es wurden keine Schritte und schon gar keine Schrittkombinationen einstudiert, trotzdem gab es eine Anleitung, eine vorgegebene Richtung, einen Entwicklungsbogen oder ein Bild, das umgesetzt werden sollte. Der Dozent war sehr erfahren und in der Szene bekannt und etabliert. Zunächst war ich irritiert, aber gleichzeitig unheimlich gespannt und neugierig. Da mir Bewegung zur Musik keine Schwierigkeiten bereitete, ich aber andererseits auch kein Tanzprofi war, konnte ich mich gut darauf einlassen und Spaß dabei haben. Später habe ich mich dann im Bereich Rhythmik, Musik und Bewegung noch intensiver mit Improvisation befasst und die Flöte erst einmal außen vor gelassen, weil ich sonst zu sehr meinen Kopf eingeschaltet hätte. Wenn man Scheu hat auf dem eigenen Instrument zu improvisieren, sucht man sich am besten ein Gebiet, das nicht so vorbelastet ist. Wählen Sie vorrangig solche Bereiche aus, die Ihnen Spaß bringen, sonst wirkt Ihr Interesse aufgesetzt und der Improvisationsunterricht verliert an Überzeugungskraft. Wie soll ein Schüler den Mut aufbringen sich frei auszudrücken, wenn Sie als Lehrer nicht voll hinter Ihrer Sache stehen? Aus diesem Grund werde ich mich auch niemals zu Jazzimprovisationen durchringen können. Die gewonnenen Erkenntnisse und Erfahrungen können dann nach und nach auf das Instrument übertragen und im Unterricht umgesetzt werden.

Um sich besser auf sich selbst konzentrieren zu können, ist es ratsam, sich beim Improvisieren nicht anzuschauen. Bei einer Gruppenimprovisation stehen dann z. B. die Schüler im Kreis mit dem Gesicht nach außen. Um Spielhemmungen abzubauen, sucht man sich anfangs Improvisationen, die alle gleichzeitig ausführen können. Wird reihum einzeln improvisiert, sind mehrere Durchgänge angebracht. Nach der „Warmlaufrunde“ trauen sich die meisten erst so richtig. Sie werden bald feststellen, dass Schüler freier im Ausdruck werden und lernen sich selbst zuzuhören. Auch Improvisationsformen, bei denen die Schüler etwas malen oder graphisch darstellen dürfen, kommen sehr gut an. Oft steuern sie eigene Ideen bei, um ihr Werk noch weiter auszugestalten. Improvisieren Sie auch selbst mit. Als Beteiligter haben Sie ein intensiveres Erlebnis und können besser einschätzen wie es weitergehen soll. Streifen Sie die Lehrerrolle ab und gehen Sie mit Ihren Schülern auf Entdeckungsreise.

„Warum brauchst du einen Meister?", fragte ein Besucher einen der Schüler.
„Wenn Wasser erhitzt werden soll, bedarf es eines Gefäßes als Mittler zwischen dem Feuer und ihm selbst", war die Antwort.[32]

Ausklang

„Learning by doing" lautete meine Devise, als ich im zarten Alter von 19 Jahren auf meine ersten Schüler losgelassen wurde. Im Nachhinein betrachtet war mein Unterricht damals ein „Ritt über den Bodensee". Im Vergleich zu heute tappte ich völlig im Dunkeln; glücklicherweise wusste ich das nicht. Meine Unerfahrenheit störte mich nicht im Mindesten. Voller Elan unterrichtete ich blind drauf los und machte mir keine großen Gedanken über die Qualität meines Unterrichts. Da ich mir die Anfänge des Flötenspiels weitgehend selbst beigebracht hatte, konnte ich mich nicht an der methodischen Vorgehensweise eines Lehrers orientieren. Aufgrund meines problemlosen Starts ging ich fälschlicherweise davon aus, dass Flötenspielen, zumindest am Anfang, nicht allzu schwer sein kann. Das Gros meiner Schüler hat mich eines Besseren belehrt. Schritt für Schritt lernte ich ein Gespür dafür zu entwickeln, wie man auf welches Spielproblem reagiert. Meine Unbefangenheit hat mir sicherlich geholfen mit einer Art naiven Neugier meinen Unterricht zu beobachten und darüber zu reflektieren. Bei meinen Instrumentalpädagogikstudenten beobachte ich immer wieder ein perfektionistisches Streben nach einem idealen Stundenverlauf. Sie wollen mir zeigen, dass sie schon gut unterrichten können. Wie aber soll ein Student, der kaum Unterrichtserfahrung besitzt, brillante Stunden zaubern? Als Anfänger muss man sich erst einmal durch die Niederungen gescheiterter Unterrichtsversuche durchkämpfen, ehe man Souveränität erlangt. Einsichten und Erkenntnisse, die aus der Praxis entstehen, können niemals durch theoretische Lehrwerke und perfekte Vorbereitungen ersetzt werden. Der Kompass beim Unterrichten ist nicht nur das Konzept des Lehrers, sondern vor allem das Feedback des Schülers. Und das hat man bekanntlich nicht in der Hand. Der „Unsicherheitsfaktor Schüler" führt zu einem gewissen Kontrollverlust. Sicherheit stellt sich vor allem durch sorgfältige Selbstbeobachtung und Routine ein. Bis man Gelassenheit und Selbstsicherheit beim Unterrichten entwickelt, geht einiges schief. Der Versuch Fehler zu vermeiden führt allenfalls zu einem steifen und unpersönlichen Unterrichtsstil. Diese Sterilität finde ich schlimmer als die Tatsache, dass noch nicht alles rund läuft.

Ob man das Lehren lernen kann, vermag ich nicht zu beantworten. Für mich ist Instrumentalunterricht eine Art Kunsthandwerk. Didaktisches Know-how ist erlernbar, die Anwendung des Gelernten, sprich die Übertragung auf ein konkretes Gegenüber, ist eine Kunst. Sich in die Schwierigkeiten, die das Instrumentalspiel mit sich bringt, hineinversetzen zu können ist sicherlich eine wichtige Voraussetzung für guten Unterricht, sonst kann man keine Lösungsstrategie entwerfen. Ein fähiger Pädagoge braucht zwar nicht alle Spielprobleme am eigenen Leibe erlebt zu haben, er sollte sie jedoch nachempfinden können.

Bei aller Fachkompetenz darf überdies nicht vergessen werden, dass eine vertrauensvolle Lehrer-Schüler-Beziehung dem Unterrichtserfolg zuträglicher ist als ausgefeilte Methoden und didaktische

[32] *De Mello, Anthony:* Eine Minute Weisheit. Herder Verlag, Freiburg im Breisgau, 1986. S. 28.

Raffinessen. Außerdem ist die menschliche Zuwendung, die dem Schüler im Einzel- und Kleingruppenunterricht zu Teil wird, für den Schüler oftmals bedeutsamer als der Lernfortschritt. Überschätzen Sie nicht Ihren fachlichen und unterschätzen Sie niemals Ihren persönlichen Einfluss.

Manchmal bringen auch Lebenserfahrungen latente Stärken zum Vorschein. Eine Kollegin erzählte mir neulich, dass sich durch den Umgang mit ihren eigenen Kindern ihr Einfühlungsvermögen beim Unterrichten enorm erhöht hat. Diese enge Verknüpfung von Musik und Persönlichkeit verleiht dem Instrumentalspiel eine geradezu philosophische Komponente. Durch die Auseinandersetzung mit dem Instrument bekommen wir die Chance uns weiterzuentwickeln. Gleichzeitig fließt die eigene Persönlichkeitsentwicklung in den Unterrichtsprozess mit ein. Diese Wechselwirkung ist faszinierend und zugleich herausfordernd.

Mein Interesse für die „Körperlichkeit" des Instrumentalspiels, gepaart mit einem ordentlichen Schuss „Helfer-Syndrom" spornt mich immer wieder an, mich mit dem Wie-macht-man-Was beim Musizieren auseinanderzusetzen. Ich freue mich über jede Entdeckung und Offenbarung, die mir durch das Unterrichten zuteil wird. Diese Begeisterung möchte ich gerne an Sie weitergeben.

Anhang

Literaturliste

Egbert J. Seidel/Eckart Lange (Hrsg.): Die Wirbelsäule des Musikers, 3. Symposium der deutschen Gesellschaft für Musikphysiologie und Musikermedizin 2001; Band 1 der Schriftenreihe des Institutes für Musikpädagogik und Musiktheorie der Hochschule für Musik FRANZ LISZT Weimar; GfBB-Verlag, Bad Kösen, 2001

Volker Biesenbender: Von der unerträglichen Leichtigkeit des Instrumentalspiels, Musikedition Nepomuk, Aarau, Schweiz, 1992

Walter Biedermann: Unmusikalisch ...? Die Musikpädagogik von Heinrich Jacoby; Musikedition Nepomuk, Aarau, Schweiz, 1993

Eva Wlodarek: Go! Mehr Selbstsicherheit gewinnen; Krüger-Verlag, Frankfurt am Main, 2002

Anthony de Mello: Eine Minute Weisheit; Herder, Freiburg im Breisgau, 1986

Rudolf Steiner: Das Geheimnis der menschlichen Temperamente; Zbinden Verlag, Basel, 1996

W. Timothy Gallwey: Tennis und Psyche, Das Innere Spiel; Wila-Verlag, München, 1977

Gerhard Mantel: Einfach üben; 185 unübliche Überezepte für Instrumentalisten; Schott Musik, Mainz, 2004

Gerd Schnack: Gesundheitsstrategien beim Musizieren; Übungen zur Prävention und Therapie von Spielschäden; Urban & Fischer Verlag, München/Jena, 2000

Hans Günther Bastian (Hrsg.): Erkrankungen vorbeugen und vermeiden - Instrumentalspiel aus physiologischer, technischer und heilpädagogischer Sicht; Schott Musik, Mainz, 1995

Trevor Wye: Marcel Moyse. Ein außergewöhnlicher Mensch. Eine musikalische Lebensbeschreibung; Musikverlag Zimmermann, Frankfurt am Main, 1996

Violeta Hemsy de Gainza: Annäherung an die Eutonie; Gespräche mit Gerda Alexander; Deutscher Berufsverband für Eutonie Gerda Alexander (DEBEGA), 2003

Fortbildungsmöglichkeiten

Es gibt viele Möglichkeiten sich weiterzubilden. Die folgenden Institutionen kann ich persönlich weiterempfehlen:

Akademie Remscheid für musische Bildung
und Medienerziehung e.V.
Küppelstein 34
42857 Remscheid
Tel.: 0 21 91/794-0

Lichtenberger Institut für Gesang
und Instrumentalspiel
Landgraf-Georg-Str. 2
64405 Fischbachtal
Tel.: 0 61 66/84 90

Berufskolleg Waldenburg
Ausbildungsstätte für staatlich anerkannte Sport-,
Gymnastiklehrer und Physiotherapeuten
Fortbildungsinstitut
Eichenstraße 11-13
74638 Waldenburg
Tel.: 0 79 42/9 12 00
Das Fortbildungsinstitut des Berufskollegs Waldenburg verfügt über eine große Auswahl an Lehrangeboten, die ohne Eingangsvoraussetzungen besucht werden können.

Landesmusikakademie Berlin
An der Wuhlheide 197
12 459 Berlin
Tel.: 0 30/530 71-203

Landesakademie Ochsenhausen
Schlossbezirk 7
88416 Ochsenhausen
Tel.: 0 73 52/91 10-0

Soma-Institut
Freiburger Lehrinstitut für Soma-Pädagogik
und Soma-Therapie
Urachstr. 27
79102 Freiburg
Tel.: 07 61/7 07 07 47

Gerda-Alexander-Schule e.V.
Ausbildung und Weiterbildung für
Eutonie-Pädagogik, Eutonie-Therapie und
Eutonie-Bewegungsgestaltung
Philosophenweg 27
77654 Offenburg
Tel.: 07 81/2 22 25